Vipin Kumar Dangi

Agentes móveis e redes ad hoc na computação móvel

Vipin Kumar Dangi

Agentes móveis e redes ad hoc na computação móvel

- Gestão de dados, agrupamento adaptativo e protocolos de encaminhamento

Imprint

Any brand names and product names mentioned in this book are subject to trademark, brand or patent protection and are trademarks or registered trademarks of their respective holders. The use of brand names, product names, common names, trade names, product descriptions etc. even without a particular marking in this work is in no way to be construed to mean that such names may be regarded as unrestricted in respect of trademark and brand protection legislation and could thus be used by anyone.

Cover image: www.ingimage.com

This book is a translation from the original published under ISBN 978-620-7-99568-4.

Publisher:
Sciencia Scripts
is a trademark of
Dodo Books Indian Ocean Ltd. and OmniScriptum S.R.L publishing group

120 High Road, East Finchley, London, N2 9ED, United Kingdom
Str. Armeneasca 28/1, office 1, Chisinau MD-2012, Republic of Moldova, Europe
Printed at: see last page
ISBN: 978-620-7-94859-8

Copyright © Vipin Kumar Dangi
Copyright © 2024 Dodo Books Indian Ocean Ltd. and OmniScriptum S.R.L publishing group

Agentes móveis e redes ad hoc na computação móvel

- Gestão de dados, agrupamento adaptativo e protocolos de encaminhamento

Autor por

Vipin Kumar Dangi

Detalhes do autor

Vipin Kumar Dangi

Departamento de IQAC

Universidade de Amity, Calcutá

Bengala Ocidental

Sobre o livro

*Este livro **Mobile Agents & Ad Hoc Networks in Mobile Computing: Data Management, Adaptive Clustering, and Routing Protocols** oferece uma exploração abrangente dos componentes críticos e das tecnologias de ponta que moldam os ambientes de computação móvel. Este livro aborda tópicos essenciais, como a gestão de dados, destacando os desafios na sincronização, segurança, armazenamento e privacidade. Fornece uma análise detalhada das técnicas de replicação de dados e agrupamento adaptativo para utilização eficiente de recursos em redes móveis sem fios. O papel dos agentes móveis é amplamente abordado, destacando as suas caraterísticas, vantagens, aplicações e desafios associados à segurança e tolerância a falhas. Além disso, o livro explora as complexidades das redes ad hoc, concentrando-se em técnicas de localização, questões de MAC e vários protocolos de encaminhamento dinâmico, incluindo GSR, DSDV, DSR, AODV e TORA. Este guia de referência é essencial para investigadores, profissionais e estudantes que pretendam melhorar a sua compreensão da computação móvel e das tecnologias de redes ad hoc.*

-Vipin Kumar Dangi, IQAC

Agradecimentos

Gostaria de expressar a minha sincera gratidão a Mahadev, cujo amor e orientação inabaláveis foram a base desta viagem. Obrigado por iluminar o meu caminho e por me inspirar a partilhar estas reflexões. A tua fé em mim alimentou a minha paixão e determinação. Aos mentores e líderes espirituais que me guiaram ao longo do caminho, obrigado pela vossa sabedoria e perspicácia. Os vossos ensinamentos moldaram a minha compreensão e aprofundaram o meu apreço pela beleza da gratidão. Por último, a todos os leitores, obrigado por dedicarem algum tempo a explorar estes pensamentos. Que encontrem inspiração e encorajamento na vossa própria jornada de gratidão. Gostaria de agradecer ao meu amigo que me ajudou e encorajou durante todo o processo de conclusão deste livro. O seu apoio inabalável e a sua crença na minha visão foram inestimáveis. Estou verdadeiramente grata pela sua amizade e pelo papel que desempenhou na concretização deste projeto. Obrigada por seres uma fonte de inspiração tão maravilhosa!

Com toda a minha gratidão,
Vipin Kumar Dangi

Índice

CAPÍTULO 1: Gestão de dados em computação móvel

Introdução:

A computação móvel emergiu rapidamente como uma força transformadora no panorama tecnológico, redefinindo a forma como interagimos com a informação e os serviços digitais. O advento dos dispositivos móveis, como smartphones, tablets e wearables, tornou a tecnologia mais acessível e integrada na nossa vida quotidiana do que nunca. Estes dispositivos oferecem uma conveniência sem paralelo, permitindo aos utilizadores realizar uma vasta gama de actividades - tais como comunicação, entretenimento, operações bancárias e navegação - em movimento. O aspeto da mobilidade é fundamental, permitindo que os utilizadores acedam e manipulem dados a partir de praticamente qualquer local, quer estejam a deslocar-se para o trabalho, em viagem ou simplesmente em casa ou no local de trabalho. O aumento da computação móvel pode ser atribuído a vários desenvolvimentos fundamentais. Em primeiro lugar, os avanços nas tecnologias de comunicação sem fios, incluindo as redes 4G e 5G, melhoraram significativamente a velocidade e a fiabilidade da conetividade móvel à Internet. Estas redes de alta velocidade permitem o streaming contínuo, a comunicação em tempo real e a transferência rápida de dados, tornando os dispositivos móveis mais potentes e versáteis. Em segundo lugar, a melhoria contínua do hardware móvel, como processadores mais potentes, maiores capacidades de armazenamento e maior duração da bateria, permitiu que os dispositivos móveis tratassem tarefas complexas e executassem aplicações sofisticadas.

A acompanhar a proliferação de dispositivos móveis está o extenso ecossistema de aplicações móveis. As lojas de aplicações, como o Google Play e a App Store da Apple, alojam milhões de aplicações de várias categorias, que satisfazem as diversas necessidades e preferências dos utilizadores. Estas aplicações tiram partido das capacidades únicas dos dispositivos móveis, incluindo ecrãs tácteis, câmaras, GPS e sensores, para proporcionar experiências inovadoras e personalizadas. Por exemplo, as aplicações de fitness podem acompanhar as actividades físicas utilizando acelerómetros e GPS, enquanto as aplicações de realidade aumentada (RA) sobrepõem informações digitais ao mundo físico através da câmara do dispositivo. As aplicações móveis não só estão a melhorar a produtividade pessoal e o entretenimento, como também estão a impulsionar avanços significativos em vários sectores. No sector da saúde, as aplicações móveis permitem a monitorização remota dos doentes, a telemedicina e a gestão da saúde. No sector financeiro, as aplicações bancárias e de pagamento móveis oferecem formas práticas e seguras de gerir as finanças. Na educação, as plataformas móveis de aprendizagem permitem o acesso a recursos educativos e a experiências de aprendizagem interactivas. Este panorama diversificado de aplicações sublinha a versatilidade e o potencial transformador da computação móvel. Apesar dos inúmeros benefícios, a natureza dinâmica e heterogénea da computação móvel introduz uma série de desafios à gestão de dados. A gestão de dados num ambiente móvel envolve tarefas como a recolha de dados, o armazenamento, a sincronização e a segurança, que devem ser tratadas de forma eficiente para proporcionar uma experiência de utilizador sem problemas. Estas tarefas são complicadas por vários factores exclusivos da computação móvel. Em primeiro lugar, os dispositivos móveis funcionam em condições limitadas. Ao contrário dos ambientes informáticos tradicionais, com fontes de alimentação estáveis e elevada capacidade de processamento, os dispositivos móveis estão frequentemente limitados pela duração da bateria, pelas capacidades de processamento e pela capacidade de armazenamento. Isto exige estratégias eficientes de gestão de dados que possam otimizar a utilização de recursos sem comprometer o desempenho. Em segundo lugar, os dispositivos móveis têm frequentemente uma conetividade de rede variável. Os utilizadores podem transitar entre áreas com fortes sinais Wi-Fi e zonas com cobertura celular limitada ou enfrentar desconexões completas em áreas remotas ou densamente construídas. Esta variabilidade pode perturbar os processos de sincronização de dados e afetar a consistência e a disponibilidade dos dados. Por último, os dispositivos móveis estão sujeitos a diversas ameaças à segurança. A natureza sensível dos dados armazenados e transmitidos por estes dispositivos, tais como comunicações pessoais, transacções financeiras e registos de saúde, torna-os alvos atractivos para os cibercriminosos. Garantir a segurança e a privacidade destes dados é uma preocupação fundamental, exigindo uma encriptação robusta, mecanismos de autenticação e práticas de desenvolvimento seguras.

1 .1 Questões relacionadas com a gestão dos dados:

1.1.1 Sincronização de dados:

A sincronização de dados é um aspeto crítico da computação móvel, garantindo que as informações permanecem consistentes em vários dispositivos e plataformas. Num mundo em que os utilizadores alternam frequentemente entre dispositivos e esperam ter acesso em tempo real aos seus dados, a sincronização eficaz é fundamental. No entanto, conseguir uma sincronização sem falhas num ambiente móvel está repleto de desafios. Um dos principais desafios é a variabilidade da rede. Os dispositivos móveis alternam frequentemente entre diferentes tipos de redes - como Wi-Fi, 4G e 5G - ou entram e saem de áreas de cobertura. Isto pode levar a uma conetividade intermitente, fazendo com que os processos de sincronização falhem ou sofram atrasos. Além disso, as diferentes velocidades e latências associadas a estas redes podem afetar a eficiência e a fiabilidade da sincronização de dados. Outro desafio significativo é a consistência dos dados. É crucial garantir que as alterações efectuadas num dispositivo sejam reflectidas com precisão e rapidez em todos os outros dispositivos. Podem surgir conflitos quando vários dispositivos actualizam a mesma parte dos dados em simultâneo. A resolução destes conflitos de forma a manter a integridade dos dados e a confiança dos utilizadores exige algoritmos sofisticados e estratégias robustas de resolução de conflitos. As preocupações com a segurança e a privacidade também desempenham um papel vital. A sincronização de dados envolve frequentemente a transmissão de informações sensíveis através de redes e o seu armazenamento em vários dispositivos e servidores. A proteção destes dados contra o acesso não autorizado e a garantia de conformidade com as normas de privacidade exigem protocolos de encriptação fortes e mecanismos de autenticação seguros. Além disso, a diversidade de dispositivos e plataformas móveis acrescenta outra camada de complexidade. Diferentes sistemas operativos, configurações de hardware e ambientes de software significam que as soluções de sincronização devem ser altamente adaptáveis e capazes de funcionar sem problemas numa vasta gama de cenários. Isto requer um conhecimento profundo das tecnologias subjacentes e um compromisso com testes e otimização extensivos. A escalabilidade é outra consideração importante. À medida que o número de utilizadores e o volume de dados aumentam, os sistemas de sincronização devem ser capazes de lidar com cargas crescentes sem comprometer o desempenho. Isto exige uma gestão eficiente dos recursos, um equilíbrio de carga e a capacidade de escalar horizontalmente, distribuindo tarefas por vários servidores. A experiência do utilizador é também um fator crítico. Os processos de sincronização devem ser tão discretos quanto possível, funcionando em segundo plano sem afetar significativamente o desempenho ou a duração da bateria do dispositivo. Além disso, fornecer aos utilizadores formas claras e intuitivas de resolver problemas de sincronização quando estes surgem pode aumentar a satisfação geral e a confiança no sistema.

Conectividade intermitente: Os dispositivos móveis funcionam frequentemente em ambientes com conetividade de rede flutuante. Os utilizadores podem deslocar-se entre áreas com fortes sinais Wi-Fi e zonas com cobertura celular limitada, ou mesmo sofrer desconexões completas em áreas remotas ou densamente construídas. Estas variações podem perturbar o fluxo contínuo de dados, conduzindo a inconsistências e a uma potencial perda de dados. Os mecanismos de sincronização devem ter em conta estas interrupções, garantindo que as actualizações de dados são captadas e aplicadas assim que a conetividade é restabelecida.

Latência: Outro desafio significativo é a latência, o atraso entre as alterações de dados que ocorrem num dispositivo e essas alterações serem reflectidas noutro. Uma latência elevada pode resultar na apresentação de informações desactualizadas, o que pode ser particularmente problemático em aplicações que requerem dados em tempo real, tais como ferramentas de colaboração, plataformas de negociação financeira e jogos online. As estratégias eficazes de sincronização de dados têm de minimizar a latência para proporcionar uma experiência de utilizador consistente e atempada.

Técnicas para uma sincronização de dados eficaz: Foram desenvolvidas várias técnicas para enfrentar os desafios da sincronização de dados na computação móvel. Uma abordagem comum é a utilização de estratégias de resolução de conflitos. Dada a possibilidade de actualizações simultâneas dos mesmos dados a partir de diferentes dispositivos, os conflitos são inevitáveis. As estratégias de resolução de conflitos, como last-write-wins, transformação operacional e vectores de versão, ajudam a gerir estes conflitos, determinando as actualizações mais recentes ou relevantes a aplicar. Os algoritmos de sincronização optimizados também desempenham um papel crucial. Estes algoritmos têm como objetivo reduzir a quantidade de dados transferidos durante a sincronização, identificando e transmitindo apenas as alterações em vez de todo o conjunto de dados. A codificação delta, por exemplo, envia apenas as diferenças entre as versões dos dados, reduzindo significativamente a utilização da largura de banda e melhorando a velocidade de sincronização. Os serviços de sincronização baseados na nuvem têm-se tornado cada vez mais populares, fornecendo repositórios centralizados onde os dados podem ser armazenados, actualizados e acedidos por vários dispositivos. Estes serviços tiram partido de uma infraestrutura robusta para garantir uma elevada disponibilidade e fiabilidade, atenuando alguns dos desafios colocados pela conetividade e latência intermitentes.

1.1.2 Segurança dos dados:

A segurança dos dados é uma preocupação fundamental na computação móvel, dada a natureza sensível das informações frequentemente armazenadas e transmitidas pelos dispositivos móveis. Desde comunicações pessoais e transacções financeiras a registos de saúde e dados empresariais, a necessidade de proteger estes dados contra o acesso não autorizado e violações é fundamental. Uma das ameaças mais significativas à segurança dos dados móveis é a prevalência de malware e aplicações maliciosas. Os dispositivos móveis são frequentemente visados por cibercriminosos que exploram vulnerabilidades nos sistemas operativos e nas aplicações para obter acesso a informações sensíveis. Os utilizadores podem, inadvertidamente, descarregar aplicações maliciosas que podem roubar dados, monitorizar actividades ou mesmo assumir o controlo do dispositivo. Por conseguinte, a implementação de medidas de segurança robustas, como a verificação de aplicações, a colocação em sandbox e as actualizações de segurança regulares, é essencial para mitigar estes riscos. A encriptação é um componente essencial na proteção de dados móveis. Ao encriptar os dados em repouso e em trânsito, torna-se muito mais difícil para as partes não autorizadas acederem ou interceptarem informações sensíveis. As normas de encriptação modernas garantem que, mesmo que os dados sejam interceptados, permanecem ilegíveis sem a chave de desencriptação adequada. A encriptação de ponta a ponta é vital para proteger as comunicações e transacções efectuadas em dispositivos móveis. Outro aspeto crítico da segurança dos dados móveis é a autenticação. Mecanismos de autenticação fortes, como a autenticação multifactor (MFA), a biometria e os tokens seguros, acrescentam camadas de segurança que vão além dos métodos tradicionais baseados em palavras-passe. Estas medidas reduzem significativamente a probabilidade de acesso não autorizado, garantindo que apenas os utilizadores verificados podem aceder a dados e serviços sensíveis.

A gestão de dispositivos e a aplicação de políticas também desempenham um papel crucial na manutenção da segurança dos dados móveis. As organizações utilizam frequentemente soluções de gestão de dispositivos móveis (MDM) para aplicar políticas de segurança, controlar instalações de aplicações e apagar remotamente dados de dispositivos perdidos ou roubados. Isto ajuda a proteger os dados empresariais e garante a conformidade com as normas e regulamentos de segurança. A segurança da rede é igualmente importante, uma vez que os dispositivos móveis se ligam frequentemente a várias redes, algumas das quais podem ser inseguras ou maliciosas. A utilização de redes privadas virtuais (VPN) e de protocolos Wi-Fi seguros pode ajudar a proteger as transmissões de dados de serem interceptadas por agentes maliciosos. Além disso, evitar redes Wi-Fi públicas para transacções e comunicações sensíveis pode reduzir ainda mais os riscos de segurança. Os ataques de phishing representam outra ameaça significativa para a segurança dos dados móveis. Os cibercriminosos utilizam frequentemente e-mails, mensagens e sítios Web enganadores para induzir os utilizadores a revelar informações sensíveis ou a descarregar malware. Educar os utilizadores sobre os sinais de phishing e implementar soluções robustas de filtragem de correio eletrónico e da Web pode ajudar a reduzir este risco. A cópia de segurança e a recuperação de dados são componentes essenciais de uma estratégia abrangente de segurança de dados móveis. As cópias de segurança regulares garantem que os dados podem ser restaurados em caso de violação da segurança, falha do dispositivo ou perda. As soluções de cópia de segurança seguras também devem empregar encriptação para proteger os dados de cópia de segurança contra o acesso não autorizado. Finalmente, a formação e a sensibilização dos utilizadores são cruciais para manter a segurança dos dados móveis. Os utilizadores devem ser informados sobre as melhores práticas para proteger os seus dispositivos, tais como a utilização de palavras-passe fortes, evitar ligações suspeitas e manter o software atualizado. Ao promover uma cultura consciente de segurança, os indivíduos e as organizações podem reduzir significativamente o risco de violações de dados e de acesso não autorizado.

Cenário de ameaças: Os dispositivos móveis são alvos atractivos para os cibercriminosos devido à sua utilização generalizada e aos dados valiosos que contêm. As ameaças comuns à segurança incluem malware, ataques de phishing, ataques man-in-the-middle e roubo de dispositivos. O malware pode infiltrar-se nos dispositivos através de aplicações ou sítios Web maliciosos, comprometendo a integridade e a privacidade dos dados. Os ataques de phishing induzem os utilizadores a divulgar informações sensíveis, enquanto os ataques man-in-the-middle interceptam dados transmitidos através de redes.

Encriptação: Uma das medidas mais eficazes para proteger os dados em dispositivos móveis é a encriptação. A encriptação transforma os dados num formato ilegível que só pode ser decifrado com a chave de desencriptação correta. Ao encriptar os dados em repouso e em trânsito, as informações sensíveis são protegidas contra o acesso não autorizado. Os sistemas operativos móveis modernos oferecem funcionalidades de encriptação incorporadas e muitas aplicações utilizam a encriptação de ponta a ponta para proteger as comunicações entre utilizadores.

Autenticação segura: Mecanismos de autenticação robustos são essenciais para impedir o acesso não autorizado a dispositivos móveis e aos dados neles contidos. Os métodos tradicionais, como as palavras-passe e os PIN, estão a ser cada vez mais complementados ou substituídos pela autenticação biométrica, incluindo a leitura de impressões digitais, o reconhecimento facial e o reconhecimento de voz. Estes métodos oferecem maior segurança e comodidade, reduzindo o risco de acesso não autorizado.

Práticas de desenvolvimento seguro: Os programadores desempenham um papel crucial na garantia da segurança das aplicações móveis. As práticas de codificação segura, como a validação de entradas, o armazenamento seguro de dados e os testes de segurança regulares, ajudam a reduzir as vulnerabilidades que podem ser exploradas pelos atacantes. A adoção de uma abordagem que privilegia a segurança durante o ciclo de vida do desenvolvimento, incluindo a modelação de ameaças e as revisões de código, melhora ainda mais a postura de segurança das aplicações móveis.

Actualizações e correcções regulares: Manter os dispositivos e aplicações móveis actualizados com as últimas correcções de segurança é vital para a defesa contra ameaças emergentes. Os fornecedores de sistemas operativos móveis e os criadores de aplicações devem resolver prontamente as vulnerabilidades de segurança através de actualizações regulares. Os utilizadores devem ser encorajados a instalar as actualizações assim que estiverem disponíveis para proteger os seus dispositivos de explorações conhecidas.

1.1.3 Armazenamento de dados:

O armazenamento eficiente de dados é crucial para o desempenho e a facilidade de utilização das aplicações móveis. Os dispositivos móveis têm normalmente uma capacidade de armazenamento limitada em comparação com os computadores tradicionais, o que exige uma gestão cuidadosa dos dados para garantir um desempenho e uma experiência do utilizador óptimos. Esta limitação torna essencial para os programadores a implementação de estratégias que maximizem a eficiência do armazenamento, mantendo a funcionalidade. Uma das principais considerações no armazenamento de dados móveis é a escolha entre o armazenamento local e o armazenamento na nuvem. O armazenamento local permite um acesso rápido aos dados, melhorando o desempenho e a facilidade de utilização, especialmente para aplicações que requerem acesso offline. No entanto, como o espaço de armazenamento é limitado, os programadores devem dar prioridade aos tipos de dados que são armazenados localmente. Isto significa, muitas vezes, armazenar ficheiros essenciais e guardar em cache os dados frequentemente acedidos, enquanto descarregam conjuntos de dados maiores para o armazenamento na nuvem. O armazenamento em nuvem oferece uma solução convincente para as limitações de armazenamento, permitindo aos utilizadores aceder a grandes quantidades de dados sem ocupar espaço local. Esta abordagem facilita a sincronização perfeita entre dispositivos, permitindo que os utilizadores recuperem os seus dados a partir de qualquer lugar. No entanto, a dependência do armazenamento em nuvem também introduz preocupações relativamente à conetividade com a Internet, à latência e à segurança dos dados. Assim, os programadores devem implementar mecanismos robustos para gerir o acesso aos dados e garantir uma experiência de utilizador sem problemas, mesmo em cenários offline. As técnicas de compressão de dados podem aumentar significativamente a eficiência do armazenamento. Ao reduzir o tamanho dos ficheiros e das bases de dados, as aplicações móveis podem armazenar mais informações sem exceder os limites do dispositivo. Os algoritmos de compressão podem ser aplicados a imagens, vídeos e outros tipos de dados, permitindo tempos de carregamento mais rápidos e um melhor desempenho geral. No entanto, é crucial equilibrar os níveis de compressão com a necessidade de qualidade dos dados, garantindo que os utilizadores não sofrem uma degradação do desempenho ou da usabilidade. Outro aspeto essencial do armazenamento eficiente de dados é a gestão do ciclo de vida dos dados. A implementação de estratégias de retenção e eliminação de dados pode ajudar a gerir eficazmente o armazenamento. As aplicações devem avaliar regularmente a relevância dos dados armazenados, removendo ficheiros desactualizados ou desnecessários. Esta prática não só liberta espaço de armazenamento valioso, como também melhora o desempenho da aplicação e melhora a experiência do utilizador ao reduzir a desordem. Além disso, a utilização de estruturas de dados e sistemas de gestão de bases de dados eficientes pode otimizar os processos de armazenamento e recuperação. As bases de dados leves concebidas para ambientes móveis podem melhorar significativamente os tempos de acesso aos dados e reduzir o consumo de recursos. A escolha da tecnologia de base de dados correta - como as bases de dados NoSQL para dados não estruturados ou as bases de dados relacionais para dados estruturados - pode conduzir a um melhor desempenho e a uma aplicação mais reactiva.

As definições e preferências do utilizador também podem ter impacto na gestão do armazenamento. Fornecer aos utilizadores a capacidade de personalizar as opções de armazenamento de dados - como selecionar os dados a sincronizar ou transferir - permite-lhes gerir o armazenamento de forma eficaz. Esta personalização aumenta a satisfação do utilizador e pode levar a uma experiência de aplicação mais simplificada. A incorporação de algoritmos preditivos pode aumentar ainda mais a eficiência do armazenamento. Ao analisar o comportamento do utilizador e os padrões de utilização, as aplicações podem, de forma inteligente, pré-buscar ou colocar em cache os dados de que os utilizadores provavelmente necessitarão, optimizando o desempenho e reduzindo o armazenamento de dados desnecessário. Esta abordagem não só melhora a capacidade de resposta das aplicações, como também ajuda a manter uma experiência de utilizador positiva.

Armazenamento local: O armazenamento local refere-se a dados armazenados diretamente no dispositivo móvel. Oferece tempos de acesso rápidos e disponibilidade offline, tornando-o adequado para armazenar dados frequentemente acedidos. No entanto, o armazenamento local é limitado pela capacidade de armazenamento do dispositivo, que pode ser rapidamente esgotada por grandes conjuntos de dados, ficheiros multimédia e instalações de aplicações.

Armazenamento na nuvem: O armazenamento na nuvem tornou-se uma solução popular para alargar as capacidades de armazenamento dos dispositivos móveis. Ao armazenar dados em servidores remotos, os utilizadores podem aceder a grandes quantidades de armazenamento sem estarem limitados pelas limitações físicas do dispositivo. O armazenamento na nuvem também facilita a sincronização de dados entre vários dispositivos, garantindo que os utilizadores podem aceder aos seus dados a partir de qualquer local com uma ligação à Internet.

Soluções de armazenamento híbrido: Muitas aplicações móveis utilizam uma abordagem híbrida, combinando o armazenamento local e na nuvem para equilibrar o desempenho e a capacidade. Os dados acedidos com frequência podem ser armazenados localmente para um acesso rápido, enquanto os dados menos críticos podem ser transferidos para a nuvem. Esta abordagem ajuda a gerir as restrições de armazenamento, ao mesmo tempo que proporciona uma experiência de utilizador sem problemas.

Compressão de dados: As técnicas de compressão de dados também podem ser utilizadas para otimizar a utilização do armazenamento. Ao reduzir o tamanho dos ficheiros de dados, a compressão permite armazenar mais dados no espaço disponível. Vários algoritmos de compressão, como a compressão com e sem perdas, oferecem diferentes soluções de compromisso entre a fidelidade dos dados e a eficiência do armazenamento.

1.1.4 Privacidade dos dados:

A privacidade dos dados é uma preocupação significativa na computação móvel, uma vez que os utilizadores confiam aos seus dispositivos uma grande quantidade de informações pessoais. Garantir que estes dados são tratados de forma responsável e transparente é essencial para manter a confiança dos utilizadores e cumprir os requisitos regulamentares. Os dispositivos móveis recolhem uma série de dados pessoais, incluindo informações de localização, contactos, histórico de navegação e transacções financeiras, o que torna imperativo que os programadores e as organizações dêem prioridade às considerações de privacidade. O rápido crescimento das aplicações móveis aumentou a necessidade de medidas rigorosas de privacidade dos dados. Muitas aplicações requerem acesso a informações sensíveis e os utilizadores concedem frequentemente permissões sem compreenderem totalmente as implicações. Isto pode levar à exposição não intencional de dados ou à sua utilização incorrecta. Para combater esta situação, os programadores devem adotar uma abordagem transparente, comunicando claramente quais os dados recolhidos, como são utilizados e com quem são partilhados. A disponibilização aos utilizadores de políticas de privacidade facilmente acessíveis e de formulários de consentimento claros pode promover uma cultura de confiança. A conformidade regulamentar é outro aspeto crítico da privacidade dos dados na computação móvel. Leis como o Regulamento Geral de Proteção de Dados (GDPR) na Europa e a Lei de Privacidade do Consumidor da Califórnia (CCPA) nos Estados Unidos impõem diretrizes rigorosas sobre a forma como os dados pessoais são recolhidos, armazenados e processados. As organizações devem garantir que as suas aplicações móveis cumprem estes regulamentos para evitar multas pesadas e danos à reputação. Isto inclui a implementação de funcionalidades como o acesso aos dados do utilizador, o direito a ser esquecido e mecanismos de consentimento explícito. Uma estratégia eficaz para melhorar a privacidade dos dados é o princípio da minimização dos dados. Esta abordagem defende a recolha apenas dos dados necessários para a funcionalidade da aplicação, reduzindo assim o risco de exposição. Ao limitar a quantidade de informações pessoais armazenadas e processadas, os programadores podem aumentar a privacidade do utilizador e, ao mesmo tempo, simplificar o cumprimento dos regulamentos. A encriptação desempenha um papel crucial na proteção dos dados do utilizador contra o acesso não autorizado. Ao encriptar informações sensíveis em trânsito e em repouso, os programadores podem proteger a integridade e a confidencialidade dos dados. Isto é particularmente importante para as aplicações que lidam com transacções financeiras ou informações de saúde, uma vez que as violações nestas áreas podem ter consequências graves para os utilizadores.

Além disso, a capacitação dos utilizadores é fundamental para promover a privacidade dos dados. Fornecer aos utilizadores o controlo sobre os seus dados permite-lhes gerir eficazmente as suas definições de privacidade. Caraterísticas como as opções de inclusão e exclusão para a partilha de dados, definições de permissão granulares e a capacidade de eliminar dados pessoais podem aumentar a confiança e a satisfação dos utilizadores. A educação dos utilizadores sobre os seus direitos e a importância da privacidade dos dados também pode contribuir para uma base de utilizadores mais informada. A incorporação de princípios de privacidade desde a conceção durante o processo de desenvolvimento pode ajudar a garantir que a privacidade dos dados seja integrada em todas as fases do ciclo de vida de uma aplicação. Ao considerar a privacidade desde o início, os programadores podem implementar medidas de proteção de forma proactiva e não reactiva, reduzindo a probabilidade de violações da privacidade e promovendo uma cultura de responsabilidade. As auditorias e avaliações regulares das práticas de tratamento de dados são essenciais para identificar potenciais vulnerabilidades e garantir a conformidade contínua com os regulamentos de privacidade. As organizações devem estabelecer protocolos para a gestão de dados, incluindo revisões regulares das práticas de armazenamento de dados, definições de permissão e registos de consentimento do utilizador. Ao manter a transparência e a responsabilidade, as organizações podem criar confiança junto dos utilizadores e demonstrar o seu empenho na privacidade dos dados. Por último, à medida que a tecnologia evolui, o mesmo acontece com os métodos utilizados pelos cibercriminosos. Manter-se informado sobre as ameaças e vulnerabilidades emergentes é vital para manter uma privacidade de dados sólida. As organizações devem investir na educação e formação contínuas das suas equipas para garantir que estão equipadas para lidar com os mais recentes desafios em matéria de privacidade.

Conformidade regulamentar: Vários regulamentos regem a privacidade de dados, incluindo o Regulamento Geral de Proteção de Dados (RGPD) na Europa e a Lei de Privacidade do Consumidor da Califórnia (CCPA) nos Estados Unidos. Estes regulamentos impõem requisitos rigorosos sobre a forma como os dados pessoais são recolhidos, processados e armazenados. As aplicações móveis devem cumprir estes regulamentos, fornecendo aos utilizadores informações claras sobre as práticas de recolha de dados e obtendo o consentimento explícito sempre que necessário.

Controlo e transparência do utilizador: Dar aos utilizadores o controlo sobre os seus dados é fundamental para a privacidade. As aplicações móveis devem fornecer aos utilizadores opções claras para gerir os seus dados, incluindo a capacidade de visualizar, modificar e eliminar informações pessoais. A transparência sobre as práticas de recolha de dados, incluindo que dados são recolhidos e como são utilizados, ajuda a criar confiança nos utilizadores.

Minimização de dados: Os princípios de minimização de dados defendem a recolha apenas dos dados estritamente necessários para o objetivo pretendido. Ao limitar a quantidade de dados pessoais recolhidos, as aplicações móveis podem reduzir o risco de violações de dados e utilização indevida. A implementação de técnicas de anonimização e pseudonimização de dados aumenta ainda mais a privacidade, dificultando a ligação dos dados a indivíduos específicos.

Privacidade desde a ***conceção:*** A privacidade desde a conceção é uma abordagem que integra considerações de privacidade no processo de desenvolvimento desde o início. Ao incorporar caraterísticas de privacidade na conceção e arquitetura das aplicações móveis, os programadores podem abordar proactivamente as preocupações com a privacidade e atenuar os potenciais riscos. Esta abordagem inclui a realização de avaliações do impacto na privacidade, a implementação de controlos de acesso robustos e a garantia de armazenamento e transmissão seguros dos dados.

1.2 Replicação de dados para computadores móveis:

A replicação de dados é um aspeto crítico da gestão de dados na computação móvel, com o objetivo de garantir a disponibilidade, fiabilidade e desempenho dos dados. No contexto dos dispositivos móveis, a replicação envolve a criação e manutenção de cópias de dados em vários locais, como o armazenamento no dispositivo, servidores na nuvem e outros dispositivos móveis ou fixos. Esta redundância permite o acesso contínuo aos dados, mesmo em caso de falhas de hardware, problemas de rede ou outras interrupções.

Garantindo uma elevada disponibilidade, a replicação atenua o impacto da conetividade intermitente, fornecendo fontes de dados alternativas. Suporta a recuperação de desastres, permitindo o restauro de dados a partir de cópias de segurança em casos de corrupção ou perda. Além disso, a replicação melhora o equilíbrio de carga, distribuindo os pedidos de acesso aos dados por vários servidores, melhorando os tempos de resposta e o desempenho do sistema. No entanto, a replicação em ambientes móveis apresenta desafios, incluindo a variabilidade da rede, restrições de recursos, gestão da consistência e preocupações de segurança. As estratégias de replicação eficazes devem abordar estas questões através de mecanismos de resolução de conflitos, codificação delta, protocolos de replicação adaptáveis e soluções assistidas pela nuvem. Ao tirar partido destas técnicas, a computação móvel pode alcançar uma gestão de dados robusta, garantindo que os utilizadores mantêm um acesso contínuo aos seus dados em condições variáveis.

1.2.1 Importância da replicação de dados:

A replicação de dados é essencial por várias razões. Em primeiro lugar, garante uma elevada disponibilidade. Os dispositivos móveis deparam-se frequentemente com problemas de conetividade devido à flutuação das condições de rede. Ao replicar dados em várias localizações, os utilizadores podem aceder aos seus dados mesmo quando uma ou mais réplicas estão temporariamente indisponíveis. Esta redundância é crucial para manter experiências de utilizador sem problemas, especialmente em aplicações críticas como sistemas de registos médicos, serviços financeiros e sistemas de planeamento de recursos empresariais (ERP), onde os dados têm de estar sempre disponíveis. Em segundo lugar, a replicação de dados suporta a recuperação de desastres. Em caso de corrupção de dados, eliminação acidental ou perda de dispositivos, a existência de réplicas garante que os dados podem ser recuperados a partir de outra fonte, minimizando o risco de perda permanente de dados. Isto é particularmente importante para as empresas que dependem do acesso contínuo aos dados para manter as operações e para os utilizadores individuais que armazenam informações pessoais valiosas nos seus dispositivos. Em terceiro lugar, a replicação melhora o equilíbrio de carga. A distribuição de cópias de dados por vários servidores ou dispositivos ajuda a equilibrar a carga, reduzindo a latência e melhorando os tempos de resposta para o acesso aos dados e as actualizações. Esta distribuição é especialmente benéfica em cenários em que um grande número de utilizadores acede simultaneamente aos dados, como plataformas de redes sociais, jogos em linha e serviços de streaming. Ao distribuir a procura por várias réplicas, os sistemas podem lidar com cargas mais elevadas de forma mais eficiente e proporcionar uma melhor experiência ao utilizador.

1.2.3 Tipos de replicação de dados:

A replicação de dados é crucial na computação móvel para garantir a disponibilidade, fiabilidade e desempenho dos dados em vários dispositivos e plataformas. Existem vários tipos de replicação de dados, cada um com caraterísticas e casos de utilização distintos. Os principais tipos incluem a replicação síncrona, a replicação assíncrona e a replicação híbrida.

Replicação síncrona: A replicação síncrona garante que os dados sejam gravados simultaneamente nos locais primário e secundário. Esta abordagem garante a consistência dos dados em tempo real em todas as réplicas, tornando-a ideal para aplicações que requerem precisão imediata dos dados, como transacções financeiras, análises em tempo real e ferramentas de colaboração. Na replicação síncrona, cada atualização de dados tem de ser confirmada por todas as réplicas antes de a transação ser considerada concluída. Este método minimiza o risco de perda de dados e garante uma elevada consistência. No entanto, pode introduzir uma latência significativa, especialmente em ambientes móveis com condições de rede variáveis. O aumento da sobrecarga de comunicação também pode afetar o desempenho do sistema, especialmente quando se trata de grandes volumes de dados ou de ligações de rede lentas.

Replicação assíncrona: A replicação assíncrona envolve a atualização da localização primária em primeiro lugar, com as alterações propagadas para as localizações secundárias após um atraso. Esta abordagem reduz a latência e a utilização da largura de banda, tornando-a mais adequada para ambientes móveis, onde a fiabilidade e a velocidade da rede podem variar. A replicação assíncrona permite um maior desempenho e um menor consumo de recursos, uma vez que as actualizações são agrupadas e transmitidas periodicamente e não em tempo real. No entanto, este método pode resultar em inconsistências temporárias de dados, uma vez que pode haver um desfasamento entre o momento em que os dados são actualizados na localização primária e o momento em que são reflectidos nas réplicas secundárias. Aplicações como redes de distribuição de conteúdos, serviços de cópia de segurança e armazenamento de dados não críticos utilizam normalmente a replicação assíncrona devido à sua eficiência e flexibilidade.

Replicação híbrida: A replicação híbrida combina elementos de replicação síncrona e assíncrona para equilibrar o desempenho e a consistência. Numa abordagem híbrida, as actualizações de dados críticos podem ser replicadas de forma síncrona para garantir uma consistência imediata, enquanto as actualizações menos críticas são replicadas de forma assíncrona para reduzir a latência e a utilização de recursos. Este método pode alternar dinamicamente entre os modos síncrono e assíncrono com base em factores como as condições da rede, a criticidade dos dados e a carga do sistema. A replicação híbrida é particularmente útil em cenários em que diferentes tipos de dados ou operações têm requisitos de consistência e desempenho variáveis. Por exemplo, uma aplicação bancária móvel pode utilizar a replicação síncrona para os dados de transação enquanto replica de forma assíncrona as definições de preferência do utilizador.

1.2.4 Desafios da replicação de dados:

A replicação de dados na computação móvel é essencial para garantir a disponibilidade, fiabilidade e desempenho dos dados em vários dispositivos e plataformas. No entanto, este processo implica vários desafios significativos que têm de ser resolvidos para manter a eficiência e a eficácia dos sistemas de replicação. Estes desafios resultam das caraterísticas inerentes aos ambientes móveis, da necessidade de equilibrar o desempenho com a consistência dos dados e das limitações dos recursos dos dispositivos móveis.

Variabilidade da rede: Os dispositivos móveis funcionam frequentemente em condições de disponibilidade de rede flutuante, incluindo largura de banda variável, conetividade intermitente e latência elevada. Estas inconsistências podem afetar gravemente o processo de replicação, especialmente no caso da replicação síncrona, que depende da consistência dos dados em tempo real em todas as réplicas. Quando as condições de rede são fracas, a replicação síncrona pode levar a atrasos nas actualizações de dados, aumento da latência e até indisponibilidade temporária de dados. Para enfrentar este desafio, são essenciais protocolos de replicação adaptativos que possam alternar dinamicamente entre os modos síncrono e assíncrono com base nas condições actuais da rede. Estes protocolos ajudam a manter a consistência dos dados enquanto optimizam o desempenho de acordo com a qualidade da rede prevalecente.

Restrições de recursos: Os dispositivos móveis são inerentemente limitados em termos de capacidade de armazenamento, capacidade de processamento e duração da bateria. As estratégias eficientes de replicação de dados devem minimizar a utilização de recursos para evitar sobrecarregar o dispositivo. Por exemplo, a escrita contínua de dados em várias réplicas pode esgotar rapidamente a vida útil da bateria e consumir energia de processamento, afectando negativamente a experiência do utilizador. Técnicas como a codificação delta, que transmite apenas as alterações em vez de conjuntos de dados inteiros, e a compressão de dados podem ajudar a reduzir a quantidade de dados que precisam de ser replicados, conservando assim os recursos. Além disso, a utilização da replicação assistida pela nuvem pode descarregar algumas das exigências de processamento e armazenamento para os servidores da nuvem, atenuando as limitações dos dispositivos móveis.

Gestão da consistência: Garantir a consistência dos dados em várias réplicas é um desafio complexo, especialmente quando se utiliza a replicação assíncrona. A replicação assíncrona, embora reduza a latência e a utilização da largura de banda, pode levar a inconsistências temporárias dos dados, uma vez que as actualizações não são imediatamente propagadas a todas as réplicas. Isto pode resultar em conflitos quando são feitas actualizações simultâneas em réplicas diferentes. Mecanismos eficazes de resolução de conflitos são cruciais para manter a integridade dos dados. Técnicas como vectores de versão, transformação operacional e tipos de dados replicados sem conflitos (CRDT) podem ajudar a gerir conflitos, fornecendo regras para a fusão de alterações de dados divergentes e garantindo que todas as réplicas acabam por atingir um estado consistente.

Preocupações com a segurança: A replicação de dados em vários locais aumenta a superfície de ataque, tornando-os mais vulneráveis a ameaças à segurança. Garantir a integridade e a confidencialidade dos dados replicados é fundamental, especialmente quando estão em causa informações sensíveis. Devem ser utilizados métodos de encriptação robustos para proteger os dados em trânsito e em repouso. São necessários controlos de acesso seguros para impedir o acesso não autorizado às réplicas. Além disso, auditorias de segurança regulares e a implementação de práticas recomendadas de segurança podem ajudar a identificar e atenuar possíveis vulnerabilidades no processo de replicação. Problemas de escalabilidade: À medida que o número de dispositivos móveis e a quantidade de dados que geram continuam a crescer, a escalabilidade torna-se uma preocupação crítica. Os sistemas de replicação devem ser concebidos para lidar com volumes crescentes de dados e um número crescente de réplicas sem degradar o desempenho. Para tal, são necessários algoritmos de distribuição de dados eficientes, soluções de armazenamento escaláveis e uma infraestrutura de rede robusta. As soluções de replicação baseadas na nuvem podem oferecer escalabilidade aproveitando os vastos recursos dos fornecedores de serviços de nuvem, permitindo um escalonamento contínuo à medida que a procura aumenta.

Compensações de latência e desempenho: Existe frequentemente um compromisso entre a consistência dos dados e o desempenho nos sistemas de replicação. A replicação síncrona proporciona uma elevada consistência, mas pode introduzir uma latência significativa, especialmente em ambientes móveis com condições de rede variáveis. A replicação assíncrona oferece um melhor desempenho, mas à custa de potenciais inconsistências de dados. Encontrar o equilíbrio certo entre estes compromissos é crucial para otimizar as estratégias de replicação com base nos requisitos específicos da aplicação. As abordagens de replicação híbrida que combinam métodos síncronos e assíncronos podem ajudar a alcançar este equilíbrio, ajustando as estratégias de replicação com base na criticidade dos dados e nas condições da rede.

Para enfrentar os desafios da replicação de dados na computação móvel, é necessária uma abordagem abrangente que tenha em conta a variabilidade da rede, as restrições de recursos, a gestão da coerência, as preocupações com a segurança, a escalabilidade e as compensações de desempenho. Através da implementação de protocolos de replicação adaptáveis, técnicas eficientes de transmissão de dados, mecanismos robustos de resolução de conflitos, medidas de segurança fortes e infra-estruturas escaláveis, é possível ultrapassar estes desafios e garantir uma replicação de dados fiável e eficiente em ambientes móveis. Compreender e enfrentar estes desafios é essencial para manter a disponibilidade, fiabilidade e desempenho dos dados no panorama em constante evolução da computação móvel.

1.2.5 Técnicas para uma replicação de dados eficaz:

A replicação eficaz de dados na computação móvel requer uma série de técnicas que abordem os desafios únicos colocados pelos ambientes móveis, como a variabilidade da rede, as limitações de recursos e a necessidade de gestão da consistência. A implementação destas técnicas garante que a replicação de dados é eficiente, fiável e escalável.

Estratégias de resolução de conflitos: Um dos principais desafios da replicação de dados é a gestão dos conflitos que surgem quando ocorrem actualizações simultâneas em réplicas diferentes. Num ambiente de computação móvel, em que os utilizadores podem aceder e modificar dados a partir de vários dispositivos, a probabilidade de tais conflitos aumenta significativamente. As estratégias eficazes de resolução de conflitos são essenciais para manter a consistência e a integridade dos dados, uma vez que os conflitos não resolvidos podem levar à corrupção ou perda de dados, afectando em última análise a experiência do utilizador e a fiabilidade da aplicação. Técnicas como vectores de versão, transformação operacional e tipos de dados replicados sem conflitos (CRDT) surgiram como soluções robustas para enfrentar estes desafios. Os vectores de versão são uma abordagem amplamente utilizada para controlar as versões dos dados replicados. Cada réplica mantém um vetor de números de versão correspondente a cada réplica no sistema. Quando ocorre uma atualização, o vetor de versões é atualizado para refletir a alteração, permitindo ao sistema identificar actualizações contraditórias com base nos seus históricos de versões. Ao comparar os vectores de versão, o sistema pode determinar quais as actualizações que são concorrentes e aplicar estratégias adequadas de resolução de conflitos, garantindo que todas as réplicas convergem para um estado consistente ao longo do tempo. A transformação operacional (OT) é outra técnica poderosa, particularmente em aplicações colaborativas em que vários utilizadores podem editar dados partilhados simultaneamente. A OT transforma operações conflituosas de forma a preservar a intenção das acções de cada utilizador, permitindo uma colaboração sem falhas. Ao reordenar as operações e aplicar transformações com base no seu contexto, a OT garante que todas as réplicas mantêm uma visão consistente dos dados, mesmo perante modificações simultâneas. Esta técnica é particularmente útil em aplicações em tempo real, tais como ferramentas de edição colaborativa e espaços de trabalho partilhados.

Os tipos de dados replicados sem conflitos (CRDT) representam um avanço mais recente nas estratégias de resolução de conflitos. Os CRDT são estruturas de dados especialmente concebidas que resolvem inerentemente os conflitos sem necessidade de processos de reconciliação complexos. Permitem a aplicação de actualizações simultâneas em qualquer ordem, garantindo simultaneamente a consistência final entre réplicas. Isto é conseguido através de propriedades matemáticas que garantem que todas as operações são comutativas e associativas, permitindo a sua fusão de forma determinística. Os CRDT são particularmente vantajosos em ambientes com elevada latência ou conetividade intermitente, uma vez que permitem aos utilizadores fazer alterações offline e sincronizar mais tarde sem o risco de conflitos. Para além destas técnicas, a implementação de mecanismos robustos de deteção e resolução de conflitos é fundamental para manter a integridade dos dados. Os sistemas devem ser concebidos para identificar rapidamente os conflitos à medida que estes surgem e aplicar eficazmente as estratégias de resolução adequadas. Isto não só garante que os dados permaneçam consistentes, como também aumenta a confiança do utilizador na aplicação, uma vez que os utilizadores podem confiar no sistema para refletir com precisão as suas alterações.

Codificação delta: A codificação delta é uma técnica que reduz significativamente a quantidade de dados transmitidos durante a replicação, enviando apenas as alterações, ou deltas, em vez de todo o conjunto de dados. Este método é especialmente benéfico em ambientes com largura de banda limitada e alta latência, que são caraterísticas comuns das redes móveis. Ao concentrar-se na transmissão apenas das diferenças entre o estado atual e o estado anterior dos dados, a codificação delta minimiza o volume de dados que tem de ser processado e transmitido. Esta redução não só aumenta a eficiência da replicação de dados, como também conserva recursos de rede valiosos, levando a tempos de sincronização mais rápidos e a um melhor desempenho global. Na computação móvel, em que os utilizadores alternam frequentemente entre os modos online e offline, a codificação delta permite actualizações de dados sem descontinuidades, mesmo em condições de rede subóptimas. Por exemplo, quando um utilizador faz alterações a um documento offline, a codificação delta garante que apenas as modificações são enviadas para a nuvem ou para outras réplicas assim que a conetividade é restabelecida. Esta abordagem não só acelera o processo de sincronização como também reduz a probabilidade de conflitos de dados, uma vez que as actualizações mais pequenas podem ser geridas mais facilmente. A implementação da codificação delta envolve várias etapas. Inicialmente, o sistema identifica as diferenças entre a versão atual dos dados e a última versão sincronizada. Essas diferenças são então codificadas num formato compacto que representa apenas as alterações. Após a transmissão, a extremidade recetora descodifica estes deltas e aplica-os ao conjunto de dados existente, actualizando-o para o novo estado sem necessidade de descarregar novamente todo o conjunto de dados. Este processo pode reduzir drasticamente o uso da largura de banda, especialmente para grandes conjuntos de dados em que apenas uma pequena parte foi alterada. Além disso, a codificação delta pode ser combinada com outras técnicas de otimização, como a compressão de dados, para aumentar ainda mais a eficiência da replicação de dados. Ao comprimir os deltas antes da transmissão, o sistema pode minimizar ainda mais o tamanho dos dados, tornando-o ainda mais adequado para ambientes com recursos limitados. Esta combinação de codificação delta e compressão é particularmente valiosa em aplicações móveis em que os utilizadores dependem de um acesso rápido aos dados enquanto estão em movimento. A codificação delta não se limita apenas a estruturas de dados simples; também pode ser aplicada a formatos de dados complexos, como ficheiros multimédia, em que apenas podem ocorrer pequenas alterações entre versões. Esta versatilidade permite que a codificação delta seja uma técnica fundamental em várias aplicações, desde ferramentas de edição colaborativa a soluções de cópia de segurança, onde a gestão eficiente de dados é crucial. A codificação delta serve como uma técnica poderosa para otimizar a replicação de dados em ambientes de computação móvel. Ao transmitir apenas as alterações, em vez de conjuntos de dados inteiros, a codificação delta resolve os desafios associados à largura de banda limitada e à elevada latência, garantindo uma sincronização de dados eficiente e melhorando a experiência do utilizador. A sua capacidade de conservar recursos, mantendo a integridade dos dados, torna-a uma abordagem inestimável no domínio das aplicações móveis e não só.

Protocolos de replicação adaptativa: Os protocolos de replicação adaptativa são uma abordagem sofisticada à replicação de dados que ajustam dinamicamente as suas estratégias com base numa variedade de factores, incluindo as condições actuais da rede, os recursos do dispositivo e a importância dos dados que estão a ser replicados. Esta adaptabilidade é essencial em ambientes de computação móvel, onde as condições podem mudar rapidamente e de forma imprevisível. Ao adaptar o processo de replicação ao contexto específico, os protocolos adaptativos melhoram tanto a eficiência como a fiabilidade da sincronização de dados. Uma das principais vantagens da replicação adaptativa é a sua capacidade de responder a flutuações na qualidade da rede. Por exemplo, durante períodos de elevada largura de banda e baixa latência, o protocolo pode optar pela replicação síncrona para garantir a consistência dos dados em tempo real em todas as réplicas. Por outro lado, em cenários em que a conetividade da rede é intermitente ou a largura de banda é limitada, o sistema pode mudar para a replicação assíncrona. Esta flexibilidade minimiza os tempos de transferência de dados e a utilização de recursos, permitindo que as aplicações mantenham um desempenho ótimo, independentemente das condições da rede. Além disso, os protocolos de replicação adaptativa podem avaliar os recursos do dispositivo, como a duração da bateria e a capacidade de processamento. Quando um dispositivo está com pouca bateria, o protocolo pode limitar as tarefas de replicação ou mudar para métodos que consumam menos recursos, preservando a longevidade do dispositivo e assegurando que a experiência do utilizador se mantém sem problemas. Esta abordagem consciente dos recursos é crucial para os dispositivos móveis, que funcionam frequentemente sob restrições rigorosas em comparação com os sistemas fixos. A criticidade dos dados é outro fator importante que os protocolos adaptativos consideram. Nem todos os dados têm o mesmo nível de importância; por exemplo, as preferências ou definições do utilizador podem não exigir uma replicação imediata, enquanto os dados de transação ou os documentos partilhados podem exigir uma maior consistência. Ao dar prioridade à replicação com base na criticidade dos dados, o sistema garante que as actualizações essenciais são processadas prontamente, enquanto os dados menos críticos podem ser replicados durante períodos de menor procura de recursos ou melhores condições de rede. A replicação adaptativa pode empregar técnicas de aprendizagem automática para prever as condições da rede e otimizar as estratégias de replicação em conformidade. Ao analisar dados históricos sobre o desempenho da rede e os padrões de utilização dos dispositivos, o protocolo pode prever quando deve mudar os modos de replicação ou quais os dados a que deve dar prioridade. Esta abordagem proactiva melhora a capacidade de resposta e a eficiência global do sistema, tornando o processo de replicação mais inteligente e fácil de utilizar. Para além destes benefícios, os protocolos de replicação adaptativa contribuem para uma maior satisfação do utilizador. Ao minimizar os atrasos e garantir que os dados estão disponíveis de forma consistente, os utilizadores podem interagir com as aplicações sem sofrerem interrupções. Isto é particularmente importante em ambientes de colaboração, onde a partilha de dados em tempo real é essencial para um trabalho de equipa eficaz. Representa uma solução inovadora para os desafios da replicação de dados na computação móvel. Ao ajustar dinamicamente as estratégias com base nas condições da rede, nos recursos do dispositivo e na criticidade dos dados, estes protocolos melhoram a eficiência e a fiabilidade dos processos de sincronização de dados. À medida que a tecnologia móvel continua a evoluir, a implementação da replicação adaptativa será vital para garantir experiências de utilizador sem falhas e manter a integridade dos dados em diversas aplicações.

Replicação assistida pela nuvem: Aproveitar a infraestrutura da nuvem para a replicação alivia significativamente as exigências de processamento e armazenamento dos dispositivos móveis, melhorando assim a escalabilidade e a fiabilidade. Em ambientes de computação móvel, onde os recursos podem ser limitados, a replicação assistida pela nuvem surge como uma estratégia eficaz. Esta abordagem utiliza servidores em nuvem como intermediários para gerir tarefas de replicação, garantindo que os dados estão consistentemente disponíveis em vários locais, independentemente das limitações dos dispositivos individuais. Ao utilizar serviços em nuvem, as aplicações móveis podem descarregar tarefas computacionais pesadas para poderosos servidores em nuvem. Isto não só liberta recursos do dispositivo local, como também permite o tratamento de grandes conjuntos de dados que seriam impraticáveis de gerir apenas em dispositivos móveis. Por exemplo, quando um utilizador actualiza dados, em vez de processar toda a transação no seu dispositivo, a atualização pode ser enviada para a nuvem, onde é processada, replicada e armazenada. Isto não só acelera o processo de replicação, como também reduz o risco de perda de dados em caso de falha do dispositivo. A replicação assistida pela nuvem também melhora a escalabilidade. À medida que o número de utilizadores móveis e a quantidade de dados que geram aumentam, a infraestrutura da nuvem pode ser facilmente dimensionada para acomodar este aumento da procura. Os fornecedores de serviços em nuvem oferecem recursos computacionais e de armazenamento praticamente ilimitados, permitindo que as aplicações se expandam sem a necessidade de investimentos iniciais significativos em hardware. Esta escalabilidade é particularmente benéfica para aplicações com padrões de utilização flutuantes, tais como empresas sazonais que podem registar picos de atividade. A replicação assistida pela nuvem melhora a disponibilidade e a fiabilidade dos dados. Ao distribuir os dados por vários servidores na nuvem, o sistema garante que, mesmo que um servidor falhe, os dados podem ser acedidos a partir de outra localização. Esta redundância é crucial para aplicações que requerem elevada disponibilidade, como plataformas de comércio eletrónico ou ferramentas de colaboração, em que o tempo de inatividade pode levar a perdas significativas de produtividade ou de receitas. Além disso, os serviços em nuvem são normalmente fornecidos com soluções robustas de cópia de segurança e recuperação de desastres, salvaguardando ainda mais a integridade dos dados. Outra vantagem fundamental da replicação assistida pela nuvem é a sua capacidade de suportar a sincronização entre diversos dispositivos e plataformas. Com os dados armazenados na nuvem, os utilizadores podem aceder e modificar informações a partir de qualquer dispositivo com ligação à Internet, quer seja um smartphone, um tablet ou um computador de secretária. Esta compatibilidade entre dispositivos é essencial para os actuais fluxos de trabalho centrados em dispositivos móveis, permitindo aos utilizadores manter a continuidade das suas tarefas, independentemente da sua localização.

Armazenamento em ***cache*** local: O armazenamento em cache local é uma técnica poderosa que envolve o armazenamento temporário de dados num dispositivo móvel, permitindo o acesso rápido a informações utilizadas frequentemente, mesmo quando o dispositivo está offline. Esta abordagem é particularmente vantajosa na computação móvel, em que os utilizadores se deparam frequentemente com conetividade intermitente ou interrupções totais da rede. Ao armazenar dados localmente em cache, as aplicações podem melhorar a experiência do utilizador reduzindo os tempos de carregamento e permitindo o acesso ininterrupto a informações críticas, mesmo em ambientes difíceis. O mecanismo subjacente ao armazenamento em cache local envolve normalmente a identificação dos dados que são acedidos ou modificados com maior frequência e o seu armazenamento no dispositivo para uma recuperação rápida. Por exemplo, numa aplicação de tomada de notas, as notas recentes ou os documentos frequentemente referenciados podem ser armazenados em cache localmente, permitindo aos utilizadores aceder-lhes instantaneamente sem esperar que os dados sejam obtidos a partir de um servidor remoto. Isto não só melhora o desempenho, como também proporciona uma experiência sem descontinuidades, especialmente em cenários em que a latência da rede poderia prejudicar as interações dos utilizadores. Quando a conetividade é restaurada, os dados em cache podem ser sincronizados com a nuvem ou outros dispositivos. Este processo de sincronização garante que quaisquer alterações efectuadas enquanto offline são reconciliadas com o conjunto de dados principal, mantendo a consistência dos dados em todas as réplicas. O sistema emprega normalmente estratégias de resolução de conflitos para gerir quaisquer discrepâncias que possam surgir de actualizações simultâneas, assegurando que a informação mais precisa e actualizada é preservada. Isto é particularmente importante em aplicações de colaboração em que vários utilizadores podem editar dados partilhados em simultâneo. O caching local também desempenha um papel crucial na otimização da utilização de recursos. Ao reduzir a frequência e o volume de dados transmitidos pela rede, o armazenamento em cache minimiza o consumo de largura de banda, o que é especialmente valioso em ambientes móveis com planos de dados limitados. Esta eficiência não só conserva os recursos do utilizador, como também contribui para uma utilização mais sustentável da infraestrutura de rede. Além disso, o armazenamento em cache pode melhorar a capacidade de resposta das aplicações, permitindo-lhes servir dados instantaneamente a partir do armazenamento local, em vez de dependerem de pedidos de rede potencialmente lentos ou pouco fiáveis. Esta capacidade de resposta é vital para manter o envolvimento do utilizador, dado que os atrasos na recuperação de dados podem levar à frustração e à diminuição da satisfação com a aplicação. O armazenamento em cache local pode ser estrategicamente utilizado em conjunto com outras técnicas de gestão de dados, como a codificação delta ou a replicação adaptativa. Por exemplo, durante a sincronização, apenas as alterações (deltas) podem ser enviadas de e para a nuvem, reduzindo ainda mais a quantidade de dados transferidos e melhorando a eficiência geral.

Sincronização em segundo plano: Os processos de sincronização em segundo plano são parte integrante das aplicações móveis modernas, permitindo uma replicação de dados eficiente e minimizando a perturbação da experiência do utilizador. Ao executar tarefas de replicação em segundo plano, estes processos garantem que os utilizadores podem continuar a interagir com as suas aplicações sem problemas, sem interrupções causadas por actividades de transferência de dados. Isto é particularmente importante na computação móvel, em que o envolvimento do utilizador pode ser sensível a atrasos e falhas de desempenho. A programação da sincronização em segundo plano pode ser gerida estrategicamente para otimizar o desempenho do dispositivo e a utilização da rede. Por exemplo, estes processos podem ser activados durante períodos de baixa atividade do dispositivo, como quando o utilizador está inativo ou durante períodos de baixa utilização da aplicação. Esta temporização garante que as tarefas de sincronização não competem por recursos com as aplicações em primeiro plano, mantendo uma experiência de utilizador sem problemas. Além disso, a sincronização em segundo plano pode ser configurada para ser iniciada quando estiver disponível uma ligação de rede estável, por exemplo, durante o acesso Wi-Fi, em vez de depender de dados móveis. Esta abordagem não só conserva a largura de banda como também acelera as taxas de transferência de dados, conduzindo a uma sincronização mais eficiente. Outra vantagem importante da sincronização em segundo plano é a sua capacidade de manter a consistência dos dados em vários dispositivos e plataformas. À medida que os utilizadores interagem com as suas aplicações a partir de vários dispositivos - tais como smartphones, tablets e computadores portáteis - os processos em segundo plano garantem que as alterações efectuadas numa localização são prontamente reflectidas em todos os outros dispositivos. Esta consistência em tempo real é crucial para aplicações que requerem informações actualizadas, tais como ferramentas de colaboração, editores de documentos ou plataformas de mensagens. A sincronização em segundo plano pode incorporar algoritmos inteligentes que dão prioridade aos dados com base em factores como a criticidade e o comportamento do utilizador. Por exemplo, os dados acedidos frequentemente podem ter prioridade na sincronização, enquanto as informações menos críticas podem ser actualizadas durante períodos menos activos. Esta atribuição de prioridades garante que os utilizadores têm acesso às informações mais relevantes sem sobrecarregar o dispositivo ou a rede com transferências de dados desnecessárias. Estes processos podem ser melhorados com definições configuráveis pelo utilizador, permitindo que os indivíduos adaptem as preferências de sincronização de acordo com as suas necessidades específicas. Os utilizadores podem selecionar opções como a frequência de sincronização, os tipos de dados a sincronizar e as condições de rede preferidas para a sincronização. Este nível de personalização permite que os utilizadores optimizem a sua experiência com base nos seus padrões de utilização e disponibilidade de recursos. Os processos de sincronização em segundo plano são um componente vital da gestão eficaz de dados em aplicações móveis. Ao executar tarefas de replicação em segundo plano, estes processos minimizam as interrupções, melhoram a consistência dos dados e optimizam a utilização dos recursos. Com a capacidade de agendar a sincronização durante períodos de baixa atividade e condições de rede favoráveis, as aplicações podem proporcionar aos utilizadores uma experiência perfeita e reactiva, garantindo que têm sempre acesso às informações mais recentes sem sacrificar o desempenho. À medida que a tecnologia móvel continua a avançar, a sincronização em segundo plano continuará a ser essencial para proporcionar experiências de utilizador de alta qualidade numa vasta gama de aplicações.

1.3 Agrupamento adaptativo para redes móveis sem fios:

O agrupamento adaptativo é uma abordagem inovadora adaptada aos desafios únicos colocados pelas redes móveis sem fios, em que os nós, como os smartphones, tablets e dispositivos IoT, estão em constante mobilidade e têm uma conetividade variável. Estas redes enfrentam frequentemente problemas como topologias dinâmicas, intensidade de sinal flutuante e níveis de energia diferentes, necessitando de protocolos de comunicação eficientes para garantir uma transmissão de dados fiável. Ao organizar os nós em clusters adaptativos, esta técnica optimiza o desempenho da rede e a utilização de recursos, melhorando significativamente a experiência do utilizador e a eficiência operacional. No centro do agrupamento adaptativo está o conceito de agrupar os nós em clusters, com um nó designado como chefe do cluster. Este chefe de cluster é responsável pela gestão das comunicações dentro do cluster e pela facilitação das interações com outros clusters ou redes externas. Esta estrutura hierárquica minimiza a necessidade de comunicação direta entre nós individuais, permitindo que as mensagens sejam encaminhadas através do chefe do agrupamento. Isto não só reduz a sobrecarga de comunicação como também conserva energia, o que é fundamental em ambientes móveis, onde a vida útil da bateria é frequentemente limitada. Ao reduzir o número de transmissões necessárias, o agrupamento adaptativo prolonga o tempo de vida operacional dos dispositivos alimentados por bateria, tornando-o especialmente valioso para aplicações em que a eficiência energética é uma prioridade. A natureza dinâmica do agrupamento adaptativo é uma das suas vantagens mais significativas. Ao contrário dos métodos de agrupamento estático, que se baseiam em agrupamentos fixos de nós, o agrupamento adaptativo avalia continuamente as condições da rede e modifica as formações de agrupamento em tempo real. Nas redes sem fios móveis, em que os nós podem entrar ou sair frequentemente, sair do alcance ou ter níveis de bateria variáveis, esta adaptabilidade é crucial. Por exemplo, se o nível de bateria de um chefe de agrupamento ficar criticamente baixo, o algoritmo de agrupamento adaptativo pode identificar outro nó com energia suficiente para assumir o papel de chefe de agrupamento. Esta transição perfeita garante que a comunicação se mantém eficiente e fiável, mesmo quando as condições da rede evoluem. Outra vantagem fundamental do agrupamento adaptativo é a sua capacidade de equilibrar as cargas de comunicação em toda a rede. Em muitos ambientes móveis, a demanda por comunicação pode variar significativamente entre os diferentes clusters. Alguns clusters podem ter um tráfego elevado devido ao aumento da atividade dos utilizadores, enquanto outros podem ter uma utilização mínima. O clustering adaptativo pode redistribuir inteligentemente os nós entre clusters com base em padrões de tráfego em tempo real e na disponibilidade de recursos. Ao garantir que nenhum nó ou cluster fique sobrecarregado, este balanceamento de carga optimiza a utilização de recursos em toda a rede, melhorando o desempenho e minimizando o risco de atrasos ou falhas de comunicação.

O conceito de agrupamento adaptativo: Na sua essência, o agrupamento adaptativo envolve o agrupamento de nós em clusters, com um nó designado como o chefe do cluster. Este chefe de cluster assume a responsabilidade de gerir a comunicação dentro do cluster e coordenar as interações com outros clusters ou redes externas. Esta estrutura hierárquica minimiza a comunicação direta entre nós individuais, permitindo que as mensagens sejam retransmitidas através do chefe do agrupamento. Ao fazê-lo, o agrupamento adaptativo reduz significativamente a sobrecarga de comunicação, conserva energia e melhora a eficiência da transmissão de dados, o que é particularmente importante em ambientes móveis em que a duração da bateria é uma preocupação crucial. O aspeto dinâmico do agrupamento adaptativo é o que o distingue dos métodos tradicionais de agrupamento estático. O agrupamento estático baseia-se em configurações fixas, que podem rapidamente tornar-se ineficientes face à mobilidade frequente e à conetividade variável dos nós nas redes móveis. O agrupamento adaptativo monitoriza continuamente as condições da rede, ajustando as formações de agrupamentos em tempo real para responder às alterações. Por exemplo, se um chefe de agrupamento sofrer uma queda no nível da bateria ou sair do alcance, o algoritmo adaptativo pode identificar outro nó com energia suficiente para assumir o papel de chefe de agrupamento, garantindo assim uma comunicação ininterrupta.

Benefícios do agrupamento adaptativo: Um dos benefícios mais significativos do agrupamento adaptativo é a sua capacidade de equilibrar as cargas de comunicação em toda a rede. Nas redes móveis sem fios, as exigências de comunicação podem variar significativamente entre diferentes clusters. Alguns clusters podem ter um tráfego elevado devido ao aumento da atividade dos utilizadores, enquanto outros podem ter uma utilização mínima. O agrupamento adaptativo emprega algoritmos que redistribuem de forma inteligente os nós entre os agrupamentos com base em padrões de tráfego em tempo real e na disponibilidade de recursos. Este equilíbrio de carga evita que um único nó ou cluster fique sobrecarregado, optimizando a utilização de recursos e melhorando o desempenho geral da rede. Além disso, o agrupamento adaptativo contribui para melhorar a eficiência da transmissão de dados. Ao reduzir o número de comunicações diretas necessárias, minimiza os atrasos associados à transferência de dados, melhorando assim a experiência do utilizador. Em aplicações como o streaming de vídeo, jogos em tempo real ou ferramentas de colaboração, em que a baixa latência é essencial, a eficiência do agrupamento adaptativo pode ser particularmente benéfica. Os utilizadores experimentam uma interação mais fluida com as suas aplicações, o que se traduz em níveis mais elevados de satisfação e envolvimento.

Considerações sobre segurança: A segurança é outro aspeto crítico das redes móveis sem fios, e o agrupamento adaptativo pode melhorar as medidas de proteção de dados.

Ao criar clusters localizados, os protocolos de segurança podem ser implementados de forma mais eficaz. Os chefes de cluster podem aplicar políticas de segurança, como autenticação, encriptação e controlo de acesso, nos respectivos clusters. Esta abordagem localizada simplifica a gestão dos protocolos de segurança, reduzindo o risco de vulnerabilidades generalizadas. No caso de uma violação de segurança, o impacto pode ser contido dentro do cluster afetado, minimizando os riscos para toda a rede. O agrupamento adaptativo permite a integração de técnicas de segurança avançadas. Por exemplo, os algoritmos de aprendizagem automática podem ser utilizados para detetar padrões de comportamento invulgares nos clusters, permitindo respostas em tempo real a potenciais ameaças à segurança. Esta abordagem proactiva da segurança é essencial para manter a integridade da rede, especialmente à medida que as aplicações móveis se tornam cada vez mais sofisticadas e interligadas.

Desafios de implementação: Embora os benefícios do agrupamento adaptativo sejam substanciais, existem também desafios associados à sua implementação. Um desafio significativo é a necessidade de algoritmos eficientes que possam funcionar em tempo real para adaptar dinamicamente as formações de clusters. O desenvolvimento de tais algoritmos exige uma compreensão profunda dos comportamentos da rede, incluindo padrões de mobilidade, taxas de consumo de energia e tráfego de comunicações. Os investigadores estão continuamente a explorar soluções inovadoras para melhorar a capacidade de resposta e a eficiência dos algoritmos de agrupamento adaptativos. Outro desafio reside na natureza heterogénea das redes móveis sem fios. Os diferentes nós podem ter capacidades diferentes em termos de capacidade de processamento, duração da bateria e alcance das comunicações. O agrupamento adaptativo deve ter em conta estas diferenças para garantir que as formações de agrupamentos são óptimas para todos os nós envolvidos. Isto exige mecanismos robustos para avaliar as capacidades dos nós e adaptar as estratégias de agrupamento em conformidade.

Direcções futuras: À medida que a tecnologia móvel continua a avançar, a relevância do agrupamento adaptativo em redes sem fios só irá aumentar. Os desenvolvimentos futuros podem envolver a integração de técnicas de inteligência artificial e de aprendizagem automática para melhorar ainda mais a adaptabilidade e a eficiência dos algoritmos de agrupamento. Ao tirar partido da análise preditiva, as redes poderão antecipar alterações no comportamento dos utilizadores e ajustar as configurações dos clusters preventivamente, optimizando o desempenho mesmo antes de as condições se alterarem. À medida que a Internet das Coisas (IoT) se expande, o agrupamento adaptativo desempenhará um papel vital na gestão do vasto número de dispositivos que estarão interligados. Garantir uma comunicação eficiente entre os dispositivos IoT, mantendo um baixo consumo de energia, será crucial, e o agrupamento adaptativo oferece uma estrutura promissora para atingir esses objectivos.

O agrupamento adaptativo representa uma estratégia poderosa para gerir as complexidades das redes móveis sem fios. Ao organizar os nós em grupos dinâmicos que se podem adaptar às alterações em tempo real das condições da rede, esta técnica aumenta a eficiência da comunicação, conserva energia e melhora o equilíbrio da carga. Além disso, fornece estruturas robustas para a implementação de medidas de segurança eficazes. À medida que a tecnologia móvel evolui, o agrupamento adaptativo será fundamental para melhorar o desempenho da rede e a satisfação do utilizador, tornando-o uma área de grande interesse para investigadores e profissionais.

1.4 Sistema de ficheiros na computação móvel:

No cenário em rápida evolução da computação móvel, o sistema de ficheiros desempenha um papel crucial na gestão da forma como os dados são armazenados, acedidos e organizados em dispositivos móveis, como smartphones, tablets e wearables. Ao contrário dos ambientes informáticos tradicionais, os dispositivos móveis funcionam frequentemente sob restrições como a capacidade de armazenamento limitada, a conetividade de rede variável e os requisitos de eficiência energética. Consequentemente, os sistemas de ficheiros móveis têm de ser concebidos para lidar eficazmente com estes desafios, garantindo que os utilizadores têm acesso contínuo aos seus dados, optimizando simultaneamente o desempenho e a utilização de recursos.

1.4.1 Caraterísticas dos sistemas de ficheiros móveis:

As caraterísticas dos sistemas de ficheiros móveis são adaptadas para responder aos desafios únicos da computação móvel, dando ênfase à eficiência, flexibilidade, segurança dos dados, integração na nuvem, acesso offline e experiência do utilizador. À medida que a tecnologia móvel continua a evoluir, o mesmo acontece com as capacidades e caraterísticas dos sistemas de ficheiros móveis, assegurando que continuam a ser parte integrante da experiência do utilizador num mundo cada vez mais centrado na mobilidade. Os sistemas de ficheiros móveis apresentam várias caraterísticas únicas, adaptadas para responder às necessidades específicas dos dispositivos móveis.

A eficiência é fundamental. Dada a capacidade de processamento limitada e a duração da bateria dos dispositivos móveis, os sistemas de ficheiros são concebidos para minimizar a quantidade de dados lidos ou gravados no armazenamento. Isto é frequentemente conseguido através de estruturas de dados avançadas que permitem um acesso rápido e uma gestão eficiente do armazenamento. Técnicas como a colocação em cache de dados frequentemente acedidos na memória podem melhorar significativamente o desempenho, conduzindo a uma experiência de utilizador mais suave.

Flexibilidade Os dispositivos móveis executam um conjunto diversificado de aplicações, cada uma com diferentes necessidades de gestão de dados. Um sistema de ficheiros móvel deve ser adaptável a vários tipos de dados, desde pequenos ficheiros de configuração a grandes conteúdos multimédia. Esta adaptabilidade permite que as aplicações acedam e manipulem eficazmente os dados da forma que melhor se adapte às suas necessidades específicas. Além disso, a capacidade de suportar diferentes tipos e formatos de ficheiros é fundamental num cenário em que prevalece o conteúdo gerado pelo utilizador.

A integridade e a segurança dos dados são também aspectos vitais dos sistemas de ficheiros móveis. À medida que os utilizadores armazenam informações cada vez mais sensíveis nos seus dispositivos, tornam-se essenciais mecanismos robustos de proteção de dados. Isto inclui não só a encriptação de ficheiros para impedir o acesso não autorizado, mas também controlos de acesso seguros que restringem as permissões de ficheiros com base nas funções do utilizador. Muitos sistemas de ficheiros móveis modernos integram estas funcionalidades de segurança de forma nativa, fornecendo uma camada adicional de proteção contra potenciais violações de dados.

Com **a integração do armazenamento na nuvem,** os sistemas de ficheiros móveis fornecem frequentemente uma conetividade perfeita com os serviços na nuvem, permitindo aos utilizadores aceder a ficheiros a partir de vários dispositivos e localizações. Esta integração suporta funcionalidades de sincronização que garantem que os dados são consistentes e actualizados em todas as plataformas. Uma vez que os utilizadores móveis alternam frequentemente entre dispositivos, a capacidade de aceder a ficheiros armazenados na nuvem aumenta a flexibilidade e a satisfação do utilizador, garantindo que os dados nunca estão fora de alcance.

Acesso offline. Os utilizadores deparam-se frequentemente com situações em que a conetividade de rede é limitada ou não está disponível, tornando crucial que os sistemas de ficheiros móveis permitam o acesso local aos ficheiros. Para mitigar a potencial perda de dados ou inconsistências durante períodos de desconexão, muitos sistemas móveis implementam mecanismos de sincronização que actualizam ficheiros armazenados na nuvem assim que a conetividade é restaurada, garantindo que os utilizadores podem continuar o seu trabalho sem interrupções.

A experiência do utilizador desempenha um papel fundamental na conceção de sistemas de ficheiros móveis. A interface através da qual os utilizadores interagem com os ficheiros tem de ser intuitiva e reactiva, facilitando a navegação, a gestão e a organização dos ficheiros. Caraterísticas como a funcionalidade de pesquisa, marcação e estruturas de diretórios hierárquicos são essenciais para ajudar os utilizadores a encontrar e gerir os seus ficheiros de forma eficiente, aumentando assim a satisfação geral com a experiência de computação móvel.

1.4.2 Tipos de sistemas de ficheiros móveis:

Os sistemas de ficheiros móveis são concebidos para satisfazer os requisitos específicos dos dispositivos móveis, cada um oferecendo caraterísticas e capacidades únicas adequadas a diferentes ambientes operacionais. Abaixo estão alguns dos sistemas de ficheiros móveis mais utilizados:

FAT (File Allocation Table): O FAT, ou File Allocation Table (tabela de atribuição de ficheiros), é um dos sistemas de ficheiros mais antigos ainda em utilização atualmente, originalmente desenvolvido para o MS-DOS no final da década de 1970. A sua simplicidade e ampla compatibilidade com vários sistemas operativos fazem dele uma escolha popular para dispositivos de armazenamento amovíveis, como unidades USB e cartões SD. A FAT organiza os ficheiros através da manutenção de uma tabela que regista quais os clusters atribuídos a cada ficheiro, facilitando a recuperação eficiente dos dados. As versões mais comuns da FAT são a FAT16 e a FAT32, sendo que a FAT32 suporta volumes maiores e tamanhos de ficheiros até 4 GB. Uma das principais vantagens da FAT é a sua facilidade de implementação e baixa sobrecarga, tornando-a adequada para dispositivos com capacidade de processamento e armazenamento limitados. Esta simplicidade permite uma formatação rápida e processos de recuperação diretos em caso de corrupção de dados. No entanto, a FAT tem várias limitações. Por exemplo, não possui funcionalidades avançadas como o journaling, que pode melhorar a integridade e a recuperação dos dados. Além disso, o desempenho da FAT pode degradar-se significativamente à medida que o número de ficheiros aumenta, levando a tempos de acesso mais longos e a problemas de fragmentação. Apesar destas desvantagens, a FAT continua a ser amplamente utilizada devido à sua compatibilidade universal. Quase todos os sistemas operativos, incluindo Windows, macOS e Linux, podem ler e escrever em dispositivos formatados em FAT. Este suporte multiplataforma é particularmente vantajoso para unidades externas, pois permite a transferência de dados sem problemas entre diferentes sistemas. Nos últimos anos, o exFAT surgiu como uma alternativa moderna ao FAT, concebido para resolver as suas limitações, mantendo a compatibilidade com dispositivos de armazenamento flash. No entanto, a FAT continua a ser relevante em contextos específicos em que a simplicidade e o amplo suporte são prioritários.

exFAT (Extended File Allocation Table): O exFAT, ou Extended File Allocation Table, foi introduzido pela Microsoft em 2006 como uma atualização dos sistemas de ficheiros FAT mais antigos, em particular o FAT32. Foi especificamente concebido para otimizar o armazenamento de ficheiros em dispositivos de memória flash, tais como unidades USB, cartões SD e outras formas de armazenamento amovível. Uma das principais vantagens do exFAT é a sua capacidade de suportar ficheiros muito grandes, excedendo o limite de 4 GB imposto pelo FAT32. Isto torna o exFAT particularmente adequado para aplicações que requerem transferências de ficheiros de elevada capacidade, como a gravação e edição de vídeo, em que é comum existirem ficheiros de grandes dimensões. O exFAT também está optimizado para suportes de armazenamento modernos, oferecendo melhorias no desempenho e na eficiência. Inclui funcionalidades como um mecanismo de atribuição de ficheiros mais eficiente e um maior número de clusters, o que ajuda a reduzir a fragmentação e a acelerar o acesso aos dados. Além disso, o exFAT suporta volumes de maior dimensão, permitindo aos utilizadores formatar unidades até 128 PB (petabytes), ultrapassando largamente os limites dos sistemas de ficheiros FAT tradicionais. Outra vantagem significativa do exFAT é a sua compatibilidade entre plataformas. É suportado por vários sistemas operativos, incluindo o Windows, o macOS e algumas versões do Linux, o que o torna uma excelente escolha para os utilizadores que transferem frequentemente dados entre diferentes plataformas. Esta compatibilidade garante que os utilizadores podem aceder facilmente aos seus ficheiros sem se preocuparem com problemas de formato, um desafio comum com outros sistemas de ficheiros. Apesar das suas vantagens, o exFAT tem algumas limitações. Por exemplo, não possui funcionalidades de segurança incorporadas, como permissões de ficheiros e encriptação, que estão presentes em sistemas de ficheiros mais avançados, como o NTFS ou o APFS. Isto pode ser uma consideração para os utilizadores que dão prioridade à segurança dos dados nos seus dispositivos de armazenamento amovíveis. O exFAT é um sistema de ficheiros versátil e eficiente, concebido para soluções de armazenamento flash modernas. A sua capacidade de lidar com ficheiros de grandes dimensões, combinada com um excelente suporte multiplataforma, faz dele a escolha ideal para necessidades de computação móvel e transferência de dados. À medida que a tecnologia continua a avançar, o exFAT continua a ser uma opção prática para os utilizadores que procuram um sistema de ficheiros fiável para os seus dispositivos de armazenamento.

ext (Extended File System): O ext (Extended File System) é uma família de sistemas de ficheiros desenvolvida para o sistema operativo Linux, que passou por várias iterações para melhorar o desempenho, a fiabilidade e o conjunto de funcionalidades. O sistema de ficheiros ext original foi introduzido em 1992, e as versões subsequentes - ext2, ext3 e ext4 - foram amplamente adoptadas em várias distribuições Linux devido à sua robustez e eficiência. ext2, a segunda versão, marcou uma melhoria significativa em relação ao seu antecessor, introduzindo funcionalidades como algoritmos de atribuição melhorados e suporte para volumes e tamanhos de ficheiros maiores. Também forneceu uma forma mais eficiente de armazenar metadados, tornando o acesso aos ficheiros mais rápido e mais fiável. No entanto, o ext2 não possui journaling, que é uma caraterística crucial para a integridade dos dados durante encerramentos inesperados ou falhas. Para resolver esta limitação, o ext3 foi desenvolvido, incorporando um mecanismo de journaling que regista as alterações antes de serem aplicadas. Esta caraterística aumenta significativamente a resistência do sistema de ficheiros contra a corrupção e permite tempos de recuperação mais rápidos no caso de uma falha. A funcionalidade de journaling pode ser configurada em diferentes modos, tais como journal, ordered e writeback, proporcionando aos utilizadores flexibilidade, dependendo das suas necessidades de desempenho e integridade de dados. A última iteração, ext4, introduziu ainda mais avanços, incluindo suporte para tamanhos de ficheiros extremamente grandes (até 16 terabytes) e volumes (até 1 exabyte). Utiliza um alocador multi-bloco que melhora o desempenho de escrita e reduz a fragmentação, conduzindo a uma utilização mais eficiente do armazenamento. O ext4 também inclui funcionalidades como a alocação atrasada e o armazenamento de ficheiros baseado na extensão, que optimizam ainda mais o acesso aos dados e reduzem as despesas gerais. Uma das principais razões pelas quais os sistemas de ficheiros ext são preferidos em ambientes Linux é o forte apoio da comunidade e a compatibilidade com uma vasta gama de aplicações. Oferecem funcionalidades como a conformidade com POSIX, que assegura a compatibilidade com sistemas operativos do tipo Unix, tornando-os adequados tanto para utilização pessoal como empresarial. Além disso, os sistemas de ficheiros ext suportam atributos avançados, permitindo aos utilizadores gerir eficazmente as permissões e atributos dos ficheiros. A família ext de sistemas de ficheiros estabeleceu-se como uma pedra angular das soluções de armazenamento Linux. Com a sua evolução de ext para ext4, adaptou-se para satisfazer as crescentes exigências de desempenho, fiabilidade e tratamento de grandes volumes de dados. A sua adoção generalizada e o desenvolvimento contínuo garantem que o ext continua a ser um componente vital no panorama da computação móvel e de servidor.

APFS (Sistema de ficheiros da Apple): O APFS, ou Apple File System, é um sistema de ficheiros moderno introduzido pela Apple em 2017, concebido especificamente para utilização com os sistemas operativos macOS, iOS, watchOS e tvOS. O APFS foi criado para substituir o antigo sistema de ficheiros HFS+, trazendo consigo uma série de novas funcionalidades e otimizações destinadas a melhorar o desempenho, a segurança e a fiabilidade nos dispositivos Apple. Uma das caraterísticas de destaque do APFS é a sua **otimização para unidades de estado sólido (SSDs)**. Ao contrário dos discos rígidos giratórios tradicionais, os SSDs têm caraterísticas de desempenho diferentes, especialmente em termos de velocidade e padrões de acesso a dados. O APFS tira proveito dessas caraterísticas, usando técnicas como copy-on-write, que minimiza a corrupção de dados, garantindo que as modificações sejam gravadas em novos locais antes que os dados originais sejam sobrescritos. Essa abordagem não apenas aumenta a confiabilidade, mas também melhora o desempenho geral. Outra melhoria significativa no APFS é seu **suporte para criptografia forte**. O APFS oferece suporte integrado para criptografia de disco completo, garantindo que os dados do usuário permaneçam seguros mesmo se o dispositivo for perdido ou roubado. Ele permite que os usuários criptografem arquivos individualmente ou criptografem todo o volume, tornando-o uma solução versátil para várias necessidades de segurança. O sistema de ficheiros utiliza algoritmos criptográficos avançados, garantindo que os dados são protegidos com medidas de segurança padrão da indústria. O APFS também introduz uma nova capacidade de **partilha de espaço**, permitindo que vários sistemas de ficheiros partilhem o mesmo espaço livre subjacente numa unidade física. Esta funcionalidade é particularmente útil para dispositivos com armazenamento limitado, uma vez que permite uma utilização mais eficiente do espaço disponível no disco, adaptando-se dinamicamente à medida que os ficheiros são criados, modificados ou eliminados. O APFS melhora o desempenho através de funcionalidades como o **dimensionamento rápido de diretórios** e **o suporte de instantâneos**. O dimensionamento rápido de diretórios permite que o sistema calcule rapidamente o tamanho de um diretório sem a necessidade de percorrer todos os seus arquivos, levando a operações de gerenciamento de arquivos mais rápidas. Os instantâneos fornecem uma maneira de criar cópias somente leitura do sistema de arquivos em pontos específicos no tempo, permitindo backups eficientes e opções de recuperação. O APFS foi projetado com a **robustez** em mente. A sua arquitetura inclui mecanismos para detetar e corrigir erros, garantindo a integridade dos dados. Isto é crucial para dispositivos móveis, onde a perda repentina de energia ou falhas no sistema podem levar à corrupção de dados. A conceção do sistema de ficheiros minimiza o risco de tais ocorrências, proporcionando aos utilizadores uma maior confiança na segurança dos seus dados.

NTFS (New Technology File System): O NTFS, ou New Technology File System, é um sistema de ficheiros proprietário desenvolvido pela Microsoft, introduzido pela primeira vez com o Windows NT em 1993. Concebido para ultrapassar as limitações do seu antecessor, o FAT, o NTFS proporciona um ambiente mais robusto e rico em funcionalidades para gerir ficheiros nos sistemas operativos Windows. A sua arquitetura suporta estruturas de dados avançadas que melhoram o desempenho, a fiabilidade e a segurança. Uma das principais caraterísticas do NTFS é o seu **suporte para ficheiros de grandes dimensões e volumes**. O NTFS pode lidar com arquivos maiores que 4 GB e volumes de até 16 exabytes, tornando-o adequado para aplicativos modernos que exigem armazenamento substancial de dados. Esta capacidade é particularmente benéfica para ambientes empresariais onde são comuns grandes bases de dados e ficheiros multimédia. **O registo no diário** é outro componente crítico do NTFS, que ajuda a manter a integridade dos dados. Quando são feitas alterações, o NTFS registra as ações em um diário antes de serem executadas, permitindo que o sistema se recupere graciosamente no caso de uma falha ou falta de energia. Esta caraterística reduz significativamente o risco de corrupção de dados e aumenta a fiabilidade do sistema. O NTFS também suporta **permissões de ficheiros e** funcionalidades **de segurança**, permitindo um controlo de acesso refinado. Cada ficheiro e pasta pode ter o seu próprio conjunto de permissões, que determina quem pode ler, escrever ou executar os ficheiros. Esta capacidade é essencial em ambientes com vários utilizadores, fornecendo medidas de segurança robustas para proteger dados sensíveis. O NTFS inclui funcionalidades como a **compressão** e **a encriptação de ficheiros**. A funcionalidade de compressão de ficheiros reduz o tamanho dos ficheiros armazenados no disco, o que pode ajudar a poupar espaço, especialmente em dispositivos com capacidade de armazenamento limitada. A funcionalidade de encriptação, conhecida como Encrypting File System (EFS), permite aos utilizadores proteger os seus ficheiros, tornando-os acessíveis apenas a utilizadores autorizados.

Outra caraterística notável é o **suporte para ligações físicas e simbólicas**, que permite aos utilizadores criar referências a ficheiros que podem ser acedidos a partir de diferentes localizações no sistema de ficheiros. Esta flexibilidade é útil para organizar ficheiros e melhorar o acesso aos dados sem duplicar o conteúdo. O NTFS também integra suporte para **quotas de disco**, permitindo aos administradores limitar a quantidade de espaço em disco que cada utilizador pode consumir. Esta funcionalidade ajuda a gerir eficazmente o armazenamento em ambientes em que vários utilizadores partilham recursos, assegurando que nenhum utilizador pode monopolizar o espaço disponível.

UDF (Universal Disk Format): O UDF, ou Universal Disk Format, é um sistema de ficheiros de norma aberta concebido principalmente para suportes ópticos, como CDs,

DVDs e discos Blu-ray. Desenvolvido em meados da década de 1990, o UDF foi criado para substituir formatos mais antigos, como o ISO 9660, que tinha limitações em termos de tamanho de ficheiro e dos tipos de dados que podia armazenar. O UDF resolve estas deficiências fornecendo uma arquitetura mais flexível e robusta que pode suportar uma vasta gama de suportes de armazenamento e tipos de ficheiros. Uma das vantagens mais significativas do UDF é o seu **suporte para ficheiros de grandes dimensões**. Ao contrário da norma ISO 9660, que impõe um limite de tamanho de ficheiro de 2 GB, o UDF pode suportar ficheiros até 16 exabytes, o que o torna ideal para aplicações modernas que requerem o armazenamento de vídeo de alta definição, grandes bases de dados ou colecções multimédia extensas. Esta capacidade assegura que o UDF pode acomodar as necessidades crescentes dos utilizadores, à medida que o conteúdo digital se torna cada vez mais intensivo em termos de dados. O UDF também possui uma **estrutura de ficheiros dinâmica**, que permite uma melhor compatibilidade entre diferentes sistemas operativos. Pode ser lido e escrito por várias plataformas, incluindo Windows, macOS e Linux, o que o torna uma excelente escolha para suportes que precisam de ser acessíveis em vários ambientes. Esta compatibilidade entre plataformas é particularmente útil no contexto da partilha e distribuição de software, dados e conteúdos multimédia. Para além de suportar ficheiros de grandes dimensões, o UDF proporciona **uma integridade de dados melhorada** através de mecanismos como a correção de erros e a verificação de dados. Isto é particularmente importante para suportes ópticos, que podem ser susceptíveis a riscos e outros danos físicos. Ao incorporar estas caraterísticas, o UDF ajuda a garantir que os dados permaneçam intactos e recuperáveis, mesmo em condições menos que ideais. Outro aspeto digno de nota do UDF é o seu **suporte para metadados**. Esta funcionalidade permite o armazenamento de informações adicionais sobre ficheiros, tais como datas de criação, datas de modificação e permissões de acesso. Este suporte rico em metadados facilita uma melhor gestão e organização de ficheiros, especialmente em ambientes onde o conteúdo tem de ser catalogado ou arquivado. O UDF também inclui suporte para **dados de fluxo contínuo**, o que é essencial para aplicações multimédia. Esta capacidade permite a reprodução eficiente de ficheiros de áudio e vídeo diretamente a partir de suportes ópticos, possibilitando experiências de utilizador perfeitas ao consumir conteúdos. A funcionalidade de fluxo contínuo é particularmente vantajosa para aplicações como o vídeo a pedido e a radiodifusão digital. O UDF foi concebido para estar **preparado para o futuro**, com desenvolvimentos contínuos que garantem a sua adaptação a novas tecnologias de armazenamento e às necessidades dos utilizadores. A sua natureza de norma aberta incentiva a colaboração e a inovação, permitindo que os programadores implementem o UDF em várias aplicações e dispositivos. Cada um destes sistemas de ficheiros tem os seus pontos fortes e fracos, tornando-os adequados a diferentes aplicações móveis e necessidades dos utilizadores. À medida que a tecnologia móvel continua a avançar, os sistemas de ficheiros evoluirão para incorporar novas funcionalidades e melhorar o desempenho, garantindo que satisfazem as exigências dos ambientes de computação móvel modernos.

1.5 Operações desconectadas:

As operações desconectadas referem-se à capacidade de um sistema continuar a funcionar mesmo quando perde a conetividade a uma rede ou a recursos externos. Este conceito é especialmente crucial na computação móvel e nos sistemas distribuídos, em que os utilizadores operam frequentemente em ambientes com ligações de rede intermitentes ou pouco fiáveis. As operações desconectadas melhoram a experiência do utilizador, permitindo um acesso contínuo a dados e serviços, independentemente do estado da conetividade. Esta capacidade é essencial no mundo acelerado de hoje, onde os utilizadores exigem um acesso contínuo à informação, quer estejam em ambientes urbanos com conetividade fiável ou em locais remotos com acesso limitado ou inexistente à rede. A implementação de operações desconectadas envolve vários mecanismos-chave que permitem que as aplicações funcionem offline de forma eficiente. Um dos principais mecanismos é o **caching local**, em que os dados são temporariamente armazenados no dispositivo, permitindo aos utilizadores aceder e manipular esses dados mesmo quando estão offline. Este armazenamento em cache não só melhora a capacidade de resposta, como também reduz a latência frequentemente associada ao acesso a dados remotos através de uma rede. Quando o dispositivo volta a ligar-se, as alterações armazenadas em cache podem ser sincronizadas com o servidor central, garantindo que as modificações do utilizador são actualizadas em todo o sistema. Outro aspeto vital das operações desconectadas é a **resolução de conflitos**. Quando vários utilizadores ou dispositivos modificam os mesmos dados enquanto estão offline, podem surgir conflitos durante a sincronização. Para lidar com estas situações, podem ser utilizadas várias estratégias de resolução de conflitos, tais como o controlo de versões, em que cada alteração é rastreada com um identificador único, ou a utilização de carimbos de data/hora para determinar a atualização mais recente. A transformação operacional é outra técnica que permite que as actualizações simultâneas sejam fundidas de forma inteligente, garantindo que os dados permanecem consistentes e coerentes após a sincronização. **O controlo de alterações** também é fundamental na gestão de operações desconectadas. Ao registar as modificações efectuadas durante as sessões offline, as aplicações podem sincronizar eficazmente apenas as actualizações necessárias assim que a ligação for restabelecida, minimizando a utilização da largura de banda e o tempo de processamento necessário. Esta funcionalidade é especialmente benéfica em cenários em que os utilizadores alternam frequentemente entre os modos online e offline, uma vez que simplifica o processo de sincronização e reduz a frustração do utilizador. A experiência do utilizador desempenha um papel significativo na eficácia das operações desconectadas. Fornecer aos utilizadores notificações claras sobre o estado dos dados, as alterações de conetividade e o progresso da sincronização pode melhorar muito a usabilidade das aplicações. Os utilizadores devem ser informados quando as suas alterações foram guardadas localmente, quando estão em modo offline e quando os seus dados foram sincronizados com sucesso com o servidor. Esta transparência ajuda os utilizadores a manterem o controlo sobre os seus dados e reduz o risco de confusão ou perda de dados. A importância das operações desconectadas estende-se a várias aplicações em diferentes sectores. Nas aplicações móveis, tais como ferramentas de tomada de notas, gestores de tarefas e clientes de correio eletrónico, as operações desconectadas permitem aos utilizadores criar, editar e gerir conteúdos sem problemas, sem se preocuparem com a conetividade. No sector da saúde, por exemplo, os profissionais médicos podem aceder aos registos dos pacientes e introduzir dados em locais remotos, garantindo que as informações críticas estão sempre disponíveis, mesmo quando o acesso à rede não é fiável. As aplicações no terreno em sectores como a construção e a logística também beneficiam de operações desconectadas. Os trabalhadores podem recolher dados, comunicar o progresso e gerir inventários sem necessitarem de acesso constante à Internet, melhorando assim a eficiência e a produtividade. Ao ativar a funcionalidade offline, as organizações podem garantir que as suas equipas permanecem produtivas, independentemente do seu ambiente. Olhando para o futuro, a evolução contínua da computação móvel e dos sistemas distribuídos irá sublinhar ainda mais a necessidade de operações desconectadas robustas. As tecnologias emergentes, como a computação de ponta, prometem melhorar as capacidades de gestão de dados offline, permitindo um processamento e uma análise locais mais sofisticados. Este desenvolvimento poderá reduzir a dependência do armazenamento centralizado de dados e melhorar ainda mais a capacidade de resposta das aplicações.

1.5.1 Importância das operações desconectadas:

As operações desconectadas são essenciais nos actuais ambientes informáticos móveis e distribuídos, em que a conetividade pode ser inconsistente devido a vários factores, como a localização geográfica, as limitações da infraestrutura ou o congestionamento da rede. A capacidade de manter a funcionalidade sem uma ligação de rede fiável melhora significativamente a experiência e a produtividade do utilizador. Esta capacidade é particularmente importante para os utilizadores que dependem de dispositivos móveis para as suas tarefas diárias, uma vez que lhes permite aceder e gerir dados mesmo quando estão offline. Uma das principais vantagens das operações desconectadas é o **aumento da produtividade**. Os utilizadores podem continuar a trabalhar nos seus projectos, aceder às informações necessárias e fazer actualizações sem interrupções. Isto é particularmente vantajoso em cenários em que os utilizadores podem encontrar-se em locais remotos ou situações em que a conetividade de rede é temporariamente perdida, como durante viagens ou em zonas rurais. Ao permitir que o trabalho prossiga sem interrupções, as organizações podem minimizar o tempo de inatividade e garantir que os funcionários se mantêm empenhados e produtivos. Além disso, as operações desconectadas suportam **a integridade** e **a redundância dos dados**. Quando os utilizadores trabalham offline, as alterações são armazenadas localmente até que a conetividade seja restabelecida, altura em que estas alterações podem ser sincronizadas com as bases de dados centrais. Esta abordagem não só protege os dados durante as interrupções de rede, como também permite a implementação de estratégias de resolução de conflitos para gerir quaisquer discrepâncias que possam surgir de edições simultâneas. Estes mecanismos ajudam a manter a consistência dos dados em vários dispositivos e utilizadores. A importância das operações desconectadas também se estende à **colaboração**. Em ambientes de equipa, os indivíduos trabalham frequentemente em documentos ou projectos partilhados. As operações desconectadas permitem que os membros da equipa façam edições e contribuições offline, que podem ser integradas sem problemas após a reconexão. Isto promove um ambiente de trabalho mais flexível, onde a colaboração pode ocorrer sem os constrangimentos do acesso constante à Internet. As operações desconectadas desempenham um papel crucial na **conceção da experiência do utilizador**. Ao garantir que as aplicações permanecem funcionais sem dependência da rede, os programadores podem criar aplicações mais resistentes e fáceis de utilizar. É menos provável que os utilizadores se sintam frustrados devido a problemas de conetividade, o que conduz a taxas de satisfação mais elevadas e a uma maior retenção de utilizadores. A capacidade de trabalhar offline pode constituir uma vantagem competitiva significativa para as aplicações em mercados muito concorridos. Em sectores como os cuidados de saúde, a educação e os serviços no terreno, a capacidade de funcionar offline não é apenas benéfica, mas muitas vezes crítica. Os profissionais de saúde podem aceder aos registos dos doentes e introduzir informações vitais mesmo em áreas com fraca conetividade, garantindo que os cuidados não são comprometidos. Em contextos educativos, os estudantes podem aceder a materiais didácticos e realizar tarefas offline, melhorando as oportunidades de aprendizagem independentemente do ambiente em que se encontram. Do mesmo modo, os trabalhadores de serviço no terreno podem apresentar relatórios sobre trabalhos e gerir recursos sem necessitarem de acesso imediato a uma rede. À medida que as organizações adoptam estratégias mais móveis, a necessidade de operações desconectadas continuará a crescer. Esta mudança é evidente nas indústrias que dependem cada vez mais de aplicações móveis para suportar os seus fluxos de trabalho. Ao adotar as operações desconectadas, as empresas podem criar soluções que satisfaçam as exigências do trabalho moderno e melhorem a eficiência operacional global.

1.5.2 Mecanismos de implementação de operações desconectadas:

Para facilitar as operações desconectadas, são normalmente utilizados vários mecanismos:

Armazenamento em *cache local:* O armazenamento em cache local é um mecanismo essencial no domínio das operações desligadas, proporcionando vantagens significativas em termos de desempenho, experiência do utilizador e acessibilidade dos dados. Ao armazenar temporariamente cópias de dados diretamente num dispositivo móvel ou numa máquina local, as aplicações podem proporcionar interações rápidas e com boa capacidade de resposta, mesmo quando o dispositivo não está ligado à Internet ou a servidores externos. Esta técnica é particularmente crucial em ambientes com conetividade de rede pouco fiável ou intermitente, permitindo que os utilizadores trabalhem sem interrupções. A principal vantagem do armazenamento local em cache é o aumento da **velocidade e da capacidade de resposta**. O acesso a dados armazenados localmente é normalmente muito mais rápido do que a sua recuperação a partir de um servidor remoto, especialmente quando a latência da rede é um fator. Por exemplo, em aplicações como ferramentas de tomada de notas ou editores de documentos, os utilizadores podem abrir, modificar e guardar ficheiros quase instantaneamente, o que melhora significativamente a experiência geral do utilizador. Este imediatismo promove uma sensação de fluidez no fluxo de trabalho, incentivando a produtividade e o envolvimento do utilizador. Além disso, o armazenamento em cache local contribui para a **funcionalidade offline**. Os utilizadores podem continuar o seu trabalho sem uma ligação à Internet, o que é particularmente importante em contextos móveis em que a conetividade pode nem sempre estar garantida. Esta capacidade permite uma produtividade ininterrupta em vários cenários, como viagens, trabalho em áreas remotas ou durante falhas no sistema. Uma vez restabelecida a conetividade, as alterações efectuadas durante o período offline podem ser sincronizadas com o servidor central, assegurando que os dados do utilizador permanecem consistentes e actualizados. A implementação do armazenamento em cache local também permite que os aplicativos gerenciem **a largura de banda da rede com mais eficiência**. Ao armazenar em cache os dados acedidos com frequência, as aplicações podem minimizar a necessidade de chamadas de rede repetidas, que podem consumir muitos recursos e ser dispendiosas, especialmente em ambientes móveis com planos de dados limitados. Esta otimização é particularmente benéfica para as aplicações que lidam com grandes conjuntos de dados ou que servem conteúdo multimédia rico, uma vez que reduz a latência e a carga na rede. No entanto, a gestão de caches locais apresenta desafios, especialmente no que respeita à

consistência dos dados. À medida que os utilizadores fazem alterações enquanto estão offline, é crucial garantir que estas modificações são reflectidas com precisão na base de dados centralizada após a reconexão. Isto requer mecanismos de sincronização robustos para lidar com potenciais conflitos que podem surgir quando vários utilizadores editam os mesmos dados em simultâneo. Técnicas como versionamento, carimbos de data/hora e transformação operacional podem ajudar a mitigar esses problemas, garantindo que a integridade dos dados seja mantida durante os processos de armazenamento em cache e sincronização. Para além de gerir a integridade dos dados, os programadores também têm de considerar **as limitações de armazenamento** nos dispositivos móveis. As caches locais podem ocupar um espaço de armazenamento valioso e as aplicações devem equilibrar a necessidade de dados em cache com a capacidade de armazenamento do dispositivo. Isto requer a implementação de estratégias para a gestão da cache, tais como políticas de expiração ou a atribuição de prioridade à colocação em cache de dados essenciais em detrimento de informações menos críticas. Além disso, **o controlo e a personalização do utilizador** podem aumentar a eficácia da colocação em cache local. Permitir aos utilizadores gerir as suas definições de cache, como escolher que dados colocar em cache e durante quanto tempo, permite-lhes otimizar a sua experiência com base nas suas necessidades específicas e padrões de utilização. Esta personalização pode levar a uma maior satisfação do utilizador e a uma utilização mais eficiente dos recursos.

Resolução de conflitos: A resolução de conflitos é um aspeto crítico das operações desligadas, especialmente quando vários utilizadores ou dispositivos fazem alterações simultâneas aos dados partilhados enquanto estão offline. Este cenário pode levar a discrepâncias que devem ser resolvidas para manter a integridade e a consistência dos dados após a reconexão. As estratégias eficazes de resolução de conflitos são essenciais para garantir que os dados finais reflectem as intenções dos utilizadores e permanecem exactos em todas as instâncias da aplicação. Um método amplamente utilizado para a resolução de conflitos é o **controlo de versões**, em que a cada alteração feita a um dado é atribuído um identificador de versão único. Isto permite ao sistema manter o controlo da ordem das actualizações, facilitando a determinação das alterações mais recentes. Ao sincronizar as alterações, a aplicação pode comparar os identificadores de versão para identificar e fundir as actualizações de forma eficaz, assegurando que não se perdem dados e que é preservada a informação mais atual. Outra estratégia é a utilização de

carimbos de data/hora. Ao registar a hora a que cada alteração é efectuada, o sistema pode dar prioridade às actualizações com base nos seus carimbos temporais. Em situações em que ocorram conflitos, o sistema pode aplicar regras para determinar qual a alteração a manter - normalmente a que tem o carimbo de data/hora mais recente. Este método é simples e funciona bem em muitos cenários, embora possa não ser suficiente nos casos em que as alterações ocorrem em simultâneo. **A transformação operacional** é uma técnica mais sofisticada que permite a colaboração em tempo real e a resolução de conflitos. Esta abordagem envolve a transformação de operações para que possam ser aplicadas de forma consistente, independentemente da ordem em que são recebidas. Ao utilizar a transformação operacional, vários utilizadores podem editar o mesmo documento em simultâneo e o sistema pode fundir inteligentemente as suas alterações, resultando num documento final coeso que reflecte todas as contribuições. Outro aspeto essencial da resolução de conflitos é o papel do **envolvimento do utilizador**. Em alguns casos, a resolução automática de conflitos pode não produzir resultados satisfatórios, especialmente quando o contexto das alterações é importante. Ao envolver os utilizadores no processo de resolução, as aplicações podem fornecer interfaces que permitam aos utilizadores rever os conflitos e escolher manualmente a melhor resolução. Isto não só dá mais poder aos utilizadores, como também aumenta a sua confiança no sistema, sabendo que têm controlo sobre a forma como os seus dados são geridos. A implementação do **controlo de alterações** pode ajudar na resolução de conflitos. Ao manter um registo das alterações efectuadas durante as operações desconectadas, a aplicação pode identificar mais facilmente a natureza e a origem dos conflitos. Este contexto histórico pode informar o processo de resolução, fornecendo informações que ajudam a manter a exatidão dos dados. Como as aplicações utilizam cada vez mais **a sincronização em nuvem**, é vital desenvolver mecanismos robustos de resolução de conflitos que possam lidar com grandes volumes de alterações de forma eficiente. Isto é especialmente verdadeiro em ambientes colaborativos, onde vários utilizadores podem editar documentos partilhados em simultâneo. Para enfrentar estes desafios, os programadores têm de criar algoritmos que não só resolvam os conflitos, como também optimizem o desempenho e a experiência do utilizador. Por último, é essencial ter em conta **o feedback e a experiência do utilizador** na conceção da resolução de conflitos. As aplicações devem fornecer uma comunicação clara sobre os conflitos, oferecendo aos utilizadores informações sobre as alterações efectuadas, o motivo dos conflitos e a forma como podem ser resolvidos. A transparência no processo de resolução de conflitos promove uma experiência de utilizador positiva e incentiva os utilizadores a interagirem com a aplicação com confiança.

Controlo de alterações: O controlo de alterações é um mecanismo essencial no domínio das operações desconectadas, permitindo que as aplicações monitorizem e registem eficazmente as modificações efectuadas nos dados durante os períodos offline. Esta funcionalidade é crucial para garantir que as actualizações são sincronizadas com precisão com os servidores centrais assim que a conetividade é restabelecida. Ao implementar um controlo de alterações eficaz, as aplicações podem otimizar o desempenho e a experiência do utilizador, conduzindo a uma maior satisfação geral. Na sua essência, o controlo de alterações envolve a manutenção de um registo detalhado de todas as alterações efectuadas aos dados. Este registo recolhe informações essenciais, como o tipo de alteração (por exemplo, criar, atualizar, eliminar), o carimbo de data/hora da alteração e o utilizador que efectuou a alteração. Ao registar estes detalhes, as aplicações podem gerir eficazmente os processos de sincronização de dados, garantindo que apenas as actualizações necessárias são transmitidas quando o dispositivo se volta a ligar à rede. Uma das principais vantagens do controlo de alterações é a sua capacidade de minimizar a transferência de dados. Em vez de enviar conjuntos de dados inteiros de volta para o servidor, as aplicações podem comunicar apenas as modificações efectuadas durante o período offline. Isto não só conserva a largura de banda, como também reduz a carga de processamento tanto do lado do cliente como do servidor, resultando em tempos de sincronização mais rápidos. Em ambientes móveis, onde a largura de banda pode ser limitada ou dispendiosa, esta otimização é particularmente valiosa. Além disso, o controlo de alterações facilita uma **resolução de conflitos** mais eficaz. Ao manter um registo claro de todas as alterações, o sistema pode identificar potenciais conflitos que possam surgir durante a sincronização. Por exemplo, se dois utilizadores modificarem a mesma parte dos dados enquanto estiverem offline, o registo de controlo de alterações fornece o contexto necessário para resolver o conflito de forma inteligente, seja através de regras automatizadas ou da intervenção do utilizador. Esta capacidade ajuda a manter a integridade dos dados e garante que os utilizadores podem confiar no resultado. O controlo de alterações também pode melhorar a **experiência do utilizador**, fornecendo-lhe informações sobre o seu histórico de dados. As aplicações podem tirar partido deste acompanhamento para apresentar registos de alterações ou históricos de revisões, permitindo aos utilizadores ver versões anteriores dos seus dados, anular alterações ou restaurar estados anteriores. Esta funcionalidade não só capacita os utilizadores, como também promove uma sensação de controlo e confiança na gestão de dados. Além disso, a implementação do controlo de alterações pode suportar **pistas de auditoria**, que são especialmente importantes em sectores como os cuidados de saúde, finanças e serviços jurídicos. Ao registar todas as modificações, as organizações podem manter a conformidade com os requisitos regulamentares, garantindo que têm um histórico completo das alterações de dados para fins de responsabilidade e transparência. Para implementar o controlo de alterações de forma eficaz, os programadores podem utilizar várias técnicas e tecnologias. Por exemplo, muitas bases de dados e estruturas oferecem suporte integrado para o controlo de alterações, permitindo aos programadores tirar partido das ferramentas existentes e reduzir a complexidade da implementação. Estas estruturas podem gerir automaticamente o processo de controlo, permitindo que os programadores se concentrem noutros aspectos críticos do desenvolvimento de aplicações.

Notificações do utilizador: As notificações do utilizador desempenham um papel vital no sucesso das operações desconectadas, mantendo os utilizadores informados sobre o estado dos seus dados, conetividade e processos de sincronização. Uma comunicação eficaz melhora a experiência geral do utilizador, garantindo que os indivíduos compreendem o que está a acontecer com os seus dados e quais as acções que podem ter de tomar. Em ambientes de computação móvel, onde a conetividade pode ser imprevisível, as notificações atempadas podem reduzir significativamente a frustração e a confusão do utilizador. Uma das principais funções das notificações de utilizador é alertar os utilizadores quando o seu dispositivo está offline ou perdeu a conetividade. Este conhecimento permite que os utilizadores ajustem as suas expectativas e tomem decisões informadas sobre como prosseguir com as suas tarefas. Por exemplo, se os utilizadores souberem que estão offline, podem concentrar-se em fazer alterações locais sem se preocuparem com a sincronização imediata dos dados, mantendo assim a produtividade mesmo na ausência de acesso à rede. Quando são feitas alterações enquanto o dispositivo está offline, as notificações podem informar os utilizadores de que as suas modificações foram guardadas localmente. Esta garantia é crucial, uma vez que ajuda os utilizadores a sentirem-se confiantes de que o seu trabalho não corre o risco de se perder, especialmente em aplicações em que a integridade dos dados é fundamental. As notificações também podem fornecer feedback sobre o êxito da gravação das alterações, reforçando a noção de que as operações locais são seguras e fiáveis. Uma vez restaurada a conetividade, as notificações do utilizador podem guiá-lo através do processo de sincronização. Isto pode incluir alertas sobre que dados serão sincronizados, quaisquer potenciais conflitos que possam surgir e a duração prevista da sincronização. Ao manter os utilizadores informados durante esta fase crítica, as aplicações podem aumentar a confiança e a transparência, tornando os utilizadores mais confortáveis com o processo. Além disso, as notificações também podem informar os utilizadores de quaisquer conflitos detectados durante a sincronização, levando-os a rever e a resolver estes problemas. Por exemplo, se dois utilizadores tiverem editado o mesmo documento enquanto estavam offline, uma notificação pode alertar o utilizador para o conflito e oferecer opções de resolução, como a fusão de alterações ou a seleção de uma versão preferida. Isto não só permite aos utilizadores gerir ativamente os seus dados, como também promove a colaboração em ambientes partilhados. Outro aspeto fundamental das notificações aos utilizadores é o seu papel no **reforço da participação dos utilizadores**. Ao fornecer actualizações atempadas sobre novas funcionalidades, alterações no estado da aplicação ou actualizações de dados, as notificações podem manter os utilizadores ativamente envolvidos na experiência da aplicação. Isto pode levar a uma maior satisfação e lealdade dos utilizadores, uma vez que estes se sentem mais ligados à aplicação e às suas funcionalidades. Ao conceber notificações eficazes para os utilizadores, os programadores devem ter em conta o **equilíbrio entre o informativo e o intrusivo**. As notificações devem ser oportunas e relevantes, sem sobrecarregar os utilizadores com alertas excessivos. A implementação de definições de utilizador que permitam aos indivíduos personalizar as suas preferências de notificação pode aumentar a satisfação dos utilizadores, dando-lhes controlo sobre como e quando recebem as actualizações. Por último, o design e a apresentação das notificações são muito importantes. As notificações claras, concisas e visualmente apelativas podem captar a atenção do utilizador e transmitir informações importantes de forma eficaz. A utilização de vários canais - como banners na aplicação, notificações push ou alertas por e-mail - pode garantir que os utilizadores recebem actualizações cruciais, independentemente da sua atividade atual na aplicação.

1.5.3 Desafios das operações desconectadas:

As operações desconectadas apresentam desafios únicos que os programadores devem enfrentar para garantir experiências de utilizador sem falhas, especialmente em ambientes de computação móvel e distribuída. Como os utilizadores dependem frequentemente de aplicações que funcionam em condições de conetividade variáveis, compreender e atenuar estes desafios é crucial para manter a integridade dos dados, a satisfação dos utilizadores e o desempenho geral das aplicações.

Consistência dos dados Quando os utilizadores fazem alterações offline, existe o risco de essas alterações entrarem em conflito com as actualizações feitas por outros quando a conetividade é restabelecida. Sem uma estratégia robusta de resolução de conflitos, os dados podem tornar-se inconsistentes, levando a discrepâncias que minam a confiança do utilizador e a fiabilidade operacional. Garantir que as alterações são sincronizadas com precisão sem perder quaisquer modificações é uma preocupação crítica que os programadores têm de resolver.

Os atrasos na sincronização também representam um desafio significativo. Após um período de desconexão, o processo de reconciliação das alterações locais com o servidor central pode introduzir latência. Os utilizadores podem ficar frustrados se tiverem um desempenho lento durante a sincronização, especialmente se estiverem à espera de actualizações críticas ou se a aplicação deixar de responder. A implementação de algoritmos de sincronização eficientes que minimizem a quantidade de dados transferidos, mantendo o desempenho, é vital para uma experiência positiva do utilizador.

Gestão de recursos limitados em dispositivos móveis. Os ambientes móveis apresentam frequentemente restrições relacionadas com a duração da bateria, a capacidade de armazenamento e a capacidade de processamento. As aplicações devem ser concebidas para funcionarem eficientemente dentro destas limitações, especialmente quando armazenam dados localmente ou executam tarefas de sincronização. As aplicações mal optimizadas podem esgotar rapidamente a vida útil da bateria ou exceder os limites de armazenamento, levando à insatisfação do utilizador e ao abandono da aplicação.

A experiência do utilizador durante os períodos de inatividade também pode ser problemática. Os utilizadores podem ficar confusos se não forem adequadamente informados sobre o estado dos seus dados ou da sua conetividade. Sem notificações claras ou mecanismos de feedback, os utilizadores podem perguntar-se se as suas alterações foram guardadas ou se o seu trabalho está em risco. Garantir que as aplicações fornecem feedback significativo sobre o estado offline, a gravação de dados e a sincronização futura pode aumentar o envolvimento e a satisfação do utilizador.

As preocupações *com a segurança dos dados* surgem durante as operações desconectadas. O armazenamento de dados localmente pode expô-los a potenciais vulnerabilidades, especialmente se as informações sensíveis estiverem armazenadas em cache num dispositivo móvel. Os programadores devem implementar medidas de segurança robustas, como encriptação e controlos de acesso seguros, para proteger os dados armazenados localmente contra acesso não autorizado ou violações de dados. Garantir a conformidade com os regulamentos de proteção de dados também é essencial em ambientes que lidam com informações pessoais ou confidenciais.

A interação com o utilizador é outro desafio que deve ser abordado. As aplicações que dependem de operações desligadas requerem frequentemente que os utilizadores compreendam como gerir eficazmente os seus dados durante períodos offline. Isto inclui saber como guardar as alterações, resolver conflitos e sincronizar actualizações. Fornecer formação adequada ao utilizador e interfaces intuitivas pode reduzir a confusão e permitir que os utilizadores naveguem com confiança na experiência offline.

A colaboração introduz uma complexidade adicional em ambientes desconectados. Quando vários utilizadores trabalham em dados partilhados, a probabilidade de conflitos aumenta, exigindo mecanismos sofisticados para gerir modificações simultâneas. O desafio reside não só na resolução de conflitos, mas também na facilitação de uma colaboração perfeita entre utilizadores com diferentes estados de conetividade. Isto requer frequentemente algoritmos avançados e uma conceção cuidadosa para criar uma experiência de colaboração coesa.

O teste e a validação de operações desconectadas podem ser inerentemente mais complicados do que os cenários online tradicionais. Garantir que as aplicações funcionam corretamente em modos offline, tratam casos extremos e sincronizam eficazmente em várias condições requer estratégias de teste abrangentes. Embora as operações desconectadas ofereçam vantagens significativas em termos de produtividade e experiência do utilizador, também apresentam uma série de desafios que devem ser enfrentados de forma eficaz. Desde garantir a consistência dos dados e gerir os atrasos de sincronização até resolver problemas de segurança e melhorar a interação com o utilizador, os programadores devem ser proactivos na conceção de soluções robustas. Ao compreender e atenuar estes desafios, as aplicações podem proporcionar experiências perfeitas que permitem aos utilizadores trabalhar eficazmente, independentemente do estado da conetividade. À medida que a computação móvel e distribuída continua a evoluir, a resolução das complexidades das operações desconectadas continuará a ser essencial para fornecer aplicações de alta qualidade que satisfaçam as necessidades dos utilizadores em diversos ambientes.

1.5.4 Aplicações de operações desconectadas:

As operações desconectadas são cada vez mais relevantes nos actuais ambientes de computação móvel e distribuída, em que os utilizadores têm frequentemente uma conetividade de rede intermitente. A capacidade de continuar a trabalhar offline sem problemas deu origem a várias aplicações em diferentes domínios, melhorando as experiências dos utilizadores e aumentando a produtividade. Esta capacidade é particularmente vital em cenários como o trabalho remoto, em que os profissionais podem encontrar-se em áreas com acesso limitado à Internet. Ao permitir que as aplicações funcionem offline, os utilizadores podem manter o seu fluxo de trabalho sem interrupções, quer estejam a elaborar relatórios, a colaborar em projectos ou a interagir com clientes. Na educação, os estudantes podem aceder a materiais de aprendizagem e apresentar trabalhos mesmo quando não estão ligados à Internet, promovendo um ambiente de aprendizagem mais flexível. Os profissionais de saúde podem atualizar os registos dos doentes e aceder a informações críticas enquanto visitam os doentes em zonas remotas, garantindo que os cuidados não são comprometidos devido a problemas de conetividade. Além disso, os jogos móveis adoptaram esta funcionalidade, permitindo aos jogadores desfrutar dos seus jogos favoritos em qualquer altura e em qualquer lugar, aumentando assim a participação dos utilizadores. À medida que cresce a procura de aplicações móveis fiáveis, as operações desconectadas tornaram-se uma expetativa normal entre os utilizadores. Esta mudança exige o desenvolvimento de mecanismos de sincronização robustos e estratégias de resolução de conflitos, garantindo que a integridade dos dados é preservada aquando da transição entre estados offline e online.

Existem várias aplicações notáveis de operações desconectadas:

Aplicações móveis de produtividade: As aplicações móveis de produtividade, tais como processadores de texto, editores de folhas de cálculo e ferramentas de tomada de notas, baseiam-se fortemente em operações desconectadas. Estas aplicações permitem aos utilizadores criar, editar e organizar documentos sem necessitarem de uma ligação constante à Internet. Por exemplo, o Google Docs fornece acesso offline, permitindo aos utilizadores trabalhar nos seus documentos, que são depois sincronizados automaticamente assim que a ligação é restabelecida. Esta funcionalidade garante que os utilizadores podem manter a produtividade em situações em que o acesso à Internet é limitado ou instável, como durante as viagens ou em zonas rurais.

Ferramentas de colaboração: Muitas ferramentas de colaboração incorporam operações desconectadas para facilitar o trabalho em equipa entre utilizadores em diversos ambientes. Aplicações como o Slack e o Microsoft Teams permitem aos utilizadores redigir mensagens e trabalhar em documentos partilhados offline, garantindo que as contribuições são preservadas e sincronizadas quando a ligação é restabelecida. Esta capacidade é particularmente útil em cenários em que os membros da equipa estão em locais diferentes ou em que o acesso à Internet não é fiável, promovendo a colaboração sem interrupções.

Jogos móveis: As operações desconectadas também são significativas nos jogos móveis, em que os jogadores podem nem sempre ter acesso à Internet. Muitos jogos permitem aos utilizadores jogar offline, com o progresso guardado localmente. Quando o dispositivo se volta a ligar, os dados do jogo podem ser sincronizados com os servidores online, garantindo que as conquistas e pontuações dos jogadores são actualizadas. Esta flexibilidade melhora a experiência de jogo, permitindo que os utilizadores participem nos jogos em qualquer altura, independentemente do seu estado de conetividade.

Serviços no terreno e trabalho remoto: Em sectores como os serviços no terreno, a construção e a agricultura, os profissionais trabalham frequentemente em locais remotos com acesso limitado à Internet. As aplicações concebidas para estes campos utilizam operações desconectadas para permitir aos trabalhadores recolher dados, gerir tarefas e comunicar com as equipas enquanto estão offline. Por exemplo, os técnicos podem registar reparações, preencher listas de verificação e tirar fotografias, que são armazenadas localmente e sincronizadas com bases de dados centrais quando regressam à conetividade. Esta funcionalidade garante que o trabalho crítico pode continuar sem interrupções, melhorando a eficiência e a produtividade.

Aplicações no sector da saúde: No sector dos cuidados de saúde, as operações desconectadas são essenciais para as aplicações utilizadas pelos profissionais de saúde em ambientes com acesso limitado à Internet, como clínicas rurais ou durante emergências. Os sistemas de registos de saúde electrónicos (EHR) podem permitir ao pessoal médico aceder e atualizar as informações dos pacientes offline. Quando o dispositivo volta a estar online, as alterações são sincronizadas, garantindo que os dados dos doentes se mantêm actualizados. Esta capacidade é crucial para manter registos de saúde precisos e facilitar o tratamento atempado dos doentes, mesmo em condições difíceis.

Educação e E-Learning: As operações desconectadas transformaram o cenário educacional, especialmente para plataformas de e-learning e aplicações educacionais. Os alunos podem descarregar materiais de cursos, palestras e trabalhos para acederem offline. Isto é especialmente vantajoso em regiões com acesso não fiável à Internet ou para estudantes que viajam frequentemente. Uma vez online, o seu progresso pode ser atualizado e os trabalhos concluídos podem ser submetidos, garantindo que a aprendizagem não é prejudicada por problemas de conetividade.

Redes sociais e criação de conteúdos: As aplicações de redes sociais também tiram partido das operações desconectadas, permitindo aos utilizadores criar publicações, editar fotografias e preparar conteúdos offline. Por exemplo, plataformas como o Instagram permitem que os utilizadores criem publicações e histórias, que podem ser carregadas assim que o dispositivo se voltar a ligar à Internet. Isto aumenta o envolvimento do utilizador, permitindo a criatividade sem os constrangimentos da necessidade de conetividade constante.

Comércio eletrónico e retalho: No sector do retalho, as operações desconectadas podem suportar aplicações utilizadas pelo pessoal de vendas, especialmente em situações em que a conetividade à Internet é instável. As aplicações de vendas permitem que os representantes acedam a catálogos de produtos, actualizem o inventário e processem encomendas offline. Esta capacidade garante que as transacções podem ser concluídas independentemente da conetividade, melhorando o serviço ao cliente e a eficiência das vendas.

CAPÍTULO 2: Computação de agentes móveis

2.1 O que são agentes móveis?

Os agentes móveis são entidades de software autónomas que podem migrar através de diferentes ambientes de rede, executando tarefas em nome dos utilizadores. Este paradigma de computação está a ganhar cada vez mais atenção devido ao seu potencial para otimizar sistemas distribuídos, melhorar a utilização de recursos e aumentar a flexibilidade e eficiência de várias aplicações. Os agentes móveis podem atravessar redes, efetuar cálculos localmente e regressar com os resultados, oferecendo uma combinação única de mobilidade, autonomia e inteligência. Uma das principais vantagens dos agentes móveis é a sua capacidade de reduzir a carga da rede. Ao executar tarefas localmente nos nós que visitam, os agentes móveis podem minimizar a quantidade de dados que precisam de ser transferidos através da rede. Isto é particularmente benéfico em cenários com largura de banda limitada ou alta latência, como redes remotas ou congestionadas. Por exemplo, em vez de enviar grandes conjuntos de dados através da rede para processamento, um agente móvel pode deslocar-se até aos dados, processá-los localmente e regressar apenas com os resultados necessários, conservando assim a largura de banda e reduzindo a latência. Outra vantagem significativa é a maior tolerância a falhas proporcionada pelos agentes móveis. Uma vez que podem mover-se de forma independente e reconfigurar-se em resposta a falhas ou alterações na rede, os agentes móveis contribuem para a robustez dos sistemas distribuídos. Se um nó da rede falhar, um agente móvel pode migrar para outro nó e continuar a sua tarefa, garantindo um funcionamento contínuo e minimizando o tempo de inatividade. Esta capacidade de auto-cura é crucial para manter a fiabilidade e a disponibilidade de aplicações críticas. A autonomia dos agentes móveis também desempenha um papel crucial na sua eficácia. Podem funcionar independentemente da intervenção contínua do utilizador, tomando decisões com base em regras pré-definidas ou em experiências adquiridas. Esta independência permite que os agentes móveis executem tarefas complexas, como a monitorização do desempenho da rede, a deteção de anomalias e a tomada de medidas corretivas, tudo isto sem necessitar de supervisão constante. Como resultado, os agentes móveis podem reduzir significativamente a carga administrativa dos operadores humanos e melhorar a eficiência global do sistema. Além disso, a flexibilidade dos agentes móveis permite a sua utilização numa vasta gama de aplicações. No comércio eletrónico, por exemplo, os agentes móveis podem automatizar tarefas como a comparação de preços, a pesquisa de produtos e a negociação de acordos, proporcionando aos utilizadores opções de compra atempadas e optimizadas.

Na gestão de redes, os agentes móveis podem monitorizar e gerir dinamicamente os recursos da rede, ajustar as configurações e efetuar diagnósticos, melhorando o desempenho e a fiabilidade da rede. Apesar destas vantagens, a implementação de agentes móveis apresenta vários desafios. A segurança é uma das principais preocupações, uma vez que os agentes móveis têm de funcionar em ambientes potencialmente hostis, onde podem estar sujeitos a ataques ou manipulação. Garantir a integridade, a confidencialidade e a autenticidade dos agentes móveis é fundamental para evitar actividades maliciosas e proteger dados sensíveis. Mecanismos de segurança robustos, como a encriptação, as assinaturas digitais e os protocolos de comunicação seguros, são essenciais para salvaguardar os agentes móveis e as suas operações. Outro desafio é a padronização de plataformas e protocolos de agentes móveis. A falta de estruturas normalizadas pode dificultar a interoperabilidade e a adoção generalizada de agentes móveis. O desenvolvimento de normas comuns e a garantia de compatibilidade entre diferentes sistemas e plataformas são necessários para concretizar plenamente o potencial da tecnologia de agentes móveis. Além disso, a gestão de recursos pode ser complexa, uma vez que os agentes móveis precisam de utilizar eficientemente os recursos disponíveis nos nós que visitam, assegurando simultaneamente uma atribuição justa entre vários agentes. O desenvolvimento e a implantação de agentes móveis também exigem ferramentas sofisticadas de programação e gestão. A conceção de agentes móveis que possam lidar eficazmente com a mobilidade, a autonomia e a segurança exige conhecimentos especializados e um planeamento cuidadoso. Os agentes móveis representam uma mudança significativa em relação às arquitecturas cliente-servidor tradicionais. Ao contrário dos programas estáticos que funcionam num local fixo, os agentes móveis podem deslocar-se de um anfitrião para outro, executando tarefas específicas sem intervenção contínua do utilizador. Esta capacidade permite um ambiente de computação mais dinâmico e reativo, especialmente em sistemas distribuídos em que as tarefas são frequentemente distribuídas por vários nós. O conceito de agentes móveis está enraizado nos princípios da inteligência artificial e da computação distribuída. Os agentes são concebidos para agir de forma autónoma, tomando decisões com base no seu ambiente e objectivos. Podem ser programados para desempenhar uma vasta gama de funções, desde a simples recuperação de dados até processos complexos de tomada de decisões. Esta versatilidade torna-os adequados para várias aplicações, incluindo a gestão de redes, a recuperação de informações e o comércio eletrónico.

2.1.1 Caraterísticas dos agentes móveis

Os agentes móveis possuem várias caraterísticas distintas que os diferenciam dos programas de software tradicionais e os tornam particularmente adequados para ambientes de computação distribuída. Estas caraterísticas incluem a mobilidade, a autonomia, a inteligência, a adaptabilidade e a interoperabilidade. Cada uma destas caraterísticas contribui para a eficácia e versatilidade dos agentes móveis em várias aplicações.

Mobilidade: A mobilidade é a marca registada dos agentes móveis, permitindo-lhes atravessar diferentes nós da rede e executar tarefas mais próximas das fontes de dados ou dos recursos necessários. Isto reduz a necessidade de grandes transferências de dados através da rede, minimizando o consumo de largura de banda e a latência. Os agentes móveis podem deslocalizar-se dinamicamente para otimizar a execução de tarefas, adaptando-se a alterações nas condições da rede e na disponibilidade de recursos. Por exemplo, em aplicações de dados intensivos, um agente móvel pode deslocar-se para a localização dos dados, processá-los localmente e regressar com os resultados, melhorando assim a eficiência global do sistema. Esta capacidade é particularmente vantajosa em ambientes com largura de banda limitada, elevada latência ou frequentes desconexões da rede, garantindo um funcionamento contínuo e eficiente. Tirando partido da sua mobilidade, os agentes móveis podem otimizar a utilização dos recursos, melhorar o desempenho e fornecer soluções robustas em ambientes de computação distribuída diversificados e dinâmicos

Autonomia: Os agentes móveis funcionam de forma independente, tomando decisões e executando tarefas sem a necessidade de intervenção contínua do utilizador ou de controlo central. Esta autonomia permite-lhes agir com base em regras pré-definidas ou em experiências adquiridas, permitindo operações mais eficientes e reactivas. A autonomia é crucial em ambientes dinâmicos onde as condições podem mudar rapidamente, uma vez que os agentes móveis podem adaptar o seu comportamento em tempo real para atingir os seus objectivos. Por exemplo, na gestão de redes, um agente móvel pode detetar e responder autonomamente a anomalias, como congestionamentos ou falhas na rede, reconfigurando as definições da rede ou reencaminhando o tráfego sem intervenção humana. Esta autossuficiência não só reduz a carga administrativa, como também aumenta a resiliência e a capacidade de resposta do sistema a acontecimentos imprevistos. Ao monitorizarem continuamente o seu ambiente e ao tomarem decisões informadas, os agentes móveis autónomos podem otimizar os processos, melhorar a fiabilidade e garantir que as tarefas críticas sejam concluídas mesmo em condições variáveis.

Inteligência: Equipados com capacidades de tomada de decisões, os agentes móveis podem analisar o seu ambiente, aprender com as experiências e otimizar as suas acções em conformidade. Esta inteligência permite-lhes executar tarefas complexas que exigem um elevado grau de resolução de problemas e adaptabilidade. Por exemplo, os agentes móveis podem monitorizar o desempenho da rede, detetar anomalias e aplicar medidas corretivas de forma autónoma, aumentando a robustez e a fiabilidade dos sistemas distribuídos. Através de algoritmos de aprendizagem automática, os agentes móveis podem melhorar continuamente os seus processos de tomada de decisões, analisando padrões e resultados de tarefas anteriores. Esta capacidade de aprendizagem permite-lhes adaptar-se a novos desafios e otimizar o seu desempenho ao longo do tempo. Na cibersegurança, por exemplo, os agentes móveis inteligentes podem identificar uma atividade de rede invulgar indicativa de uma potencial ameaça, responder isolando os nós afectados e alertar os administradores, tudo isto sem intervenção humana. A sua capacidade de processar grandes quantidades de dados localmente permite-lhes tomar decisões em tempo real, reduzindo a latência associada ao processamento centralizado de dados. Além disso, os agentes móveis inteligentes podem coordenar-se com outros agentes para concluir tarefas de forma mais eficiente, partilhando conhecimentos e recursos de forma dinâmica. Esta abordagem colaborativa melhora ainda mais as suas capacidades de resolução de problemas e contribui para sistemas distribuídos mais resilientes e eficientes.

Adaptabilidade: Os agentes móveis podem adaptar-se a condições e ambientes variáveis, modificando o seu comportamento com base nos recursos disponíveis nos diferentes nós, nas condições da rede ou nos requisitos de tarefas específicas. Esta adaptabilidade garante que os agentes móveis podem continuar a funcionar eficazmente mesmo perante perturbações na rede, cargas de trabalho variáveis ou alterações na disponibilidade de recursos. Por exemplo, se um agente móvel encontrar um nó com capacidade de processamento limitada ou bateria fraca, pode ajustar as suas exigências computacionais ou deslocar-se para um nó mais adequado. Em situações em que a conetividade da rede é intermitente, os agentes móveis podem armazenar dados localmente e sincronizá-los assim que uma ligação estável for restabelecida, garantindo um funcionamento contínuo sem perda de dados. Esta adaptabilidade permite que os agentes móveis optimizem o seu desempenho, tirando partido dos melhores recursos disponíveis em qualquer momento, quer se trate de processamento de alta velocidade, armazenamento amplo ou ligações de rede fortes. Em cenários de balanceamento de carga, os agentes móveis podem distribuir dinamicamente tarefas entre vários nós, evitando que um único nó se torne um gargalo. Isto não só melhora a eficiência como também aumenta a resiliência global do sistema, evitando a dependência excessiva de nós específicos. Ao avaliarem continuamente o seu ambiente e ajustarem as suas estratégias, os agentes móveis adaptáveis fornecem soluções robustas que podem prosperar em ambientes de computação distribuída diversos e imprevisíveis.

Interoperabilidade: Os agentes móveis são concebidos para funcionar em ambientes heterogéneos, interagindo com diferentes sistemas, plataformas e aplicações. Esta interoperabilidade torna-os adequados para uma vasta gama de aplicações, desde a gestão de redes e a recuperação de informações até ao trabalho colaborativo e ao comércio eletrónico. Ao serem capazes de funcionar sem problemas em diversos ambientes, os agentes móveis podem fazer a ponte entre diferentes sistemas e facilitar operações mais integradas e coesas. Por exemplo, numa grande empresa com vários sistemas operativos e aplicações antigas, os agentes móveis podem deslocar-se entre várias plataformas, executando tarefas e trocando dados sem problemas de compatibilidade. No comércio eletrónico, os agentes móveis podem interagir com sistemas de diferentes fornecedores para comparar preços, verificar os níveis de inventário e facilitar as transacções, proporcionando aos utilizadores uma experiência de compra unificada. Além disso, em ambientes de trabalho colaborativo, os agentes móveis podem permitir a comunicação e a partilha de dados sem problemas entre diferentes membros da equipa que utilizam ferramentas e sistemas diferentes, aumentando a produtividade e a coordenação. Esta capacidade de operar em diversos sistemas também suporta a agregação e a análise de dados, uma vez que os agentes móveis podem recolher informações de várias fontes, processá-las e apresentar informações unificadas. A sua interoperabilidade não só simplifica a integração, como também aumenta a escalabilidade e a flexibilidade dos sistemas distribuídos, permitindo soluções mais eficientes e eficazes em ambientes informáticos complexos e variados.

Comunicação: Os agentes móveis precisam muitas vezes de comunicar com outros agentes ou sistemas para completarem eficazmente as suas tarefas. Esta comunicação é crucial para permitir que os agentes troquem informações, coordenem actividades e trabalhem em conjunto para atingir objectivos comuns. Os protocolos de comunicação eficazes são essenciais para facilitar esta interação, garantindo que os dados são transmitidos de forma segura e fiável. Dependendo da natureza das tarefas e dos requisitos da aplicação, a comunicação pode ser síncrona ou assíncrona. A comunicação síncrona permite que os agentes interajam em tempo real, o que é benéfico para tarefas sensíveis ao tempo que exigem respostas imediatas, como a monitorização e o alerta em tempo real na gestão de redes. Por outro lado, a comunicação assíncrona é vantajosa em cenários em que não é necessário um feedback imediato, permitindo que os agentes enviem mensagens e prossigam com outras tarefas sem esperar por uma resposta. Esta flexibilidade aumenta a eficiência das operações, particularmente em ambientes onde a latência da rede pode colocar desafios. Além disso, os protocolos de comunicação robustos podem incorporar mecanismos de tratamento e recuperação de erros, garantindo que os agentes possam continuar a funcionar sem problemas, mesmo em caso de interrupções na rede. A capacidade de comunicar eficazmente também permite que os agentes móveis colaborem, partilhem recursos e resolvam coletivamente problemas complexos, tornando-os ferramentas poderosas em ambientes de computação distribuída. Em geral, as capacidades de comunicação dos agentes móveis melhoram significativamente a sua funcionalidade e adaptabilidade em diversas aplicações.

Consciência dos recursos: Os agentes móveis têm consciência dos recursos, o que significa que podem avaliar os recursos disponíveis em cada nó que visitam e tomar decisões com base nessa informação. Esta consciência é crucial para uma gestão eficiente dos recursos, uma vez que ajuda os agentes a otimizar a sua própria utilização dos recursos, assegurando simultaneamente que não sobrecarregam os nós em que operam. Por exemplo, quando um agente móvel chega a um nó, pode avaliar o poder de processamento, a memória, a capacidade de armazenamento e a largura de banda da rede disponíveis. Se os recursos de um determinado nó forem insuficientes para as tarefas que pretende realizar, o agente pode ajustar as suas operações para minimizar o consumo de recursos ou migrar para outro nó com condições mais favoráveis. Esta capacidade não só melhora o desempenho do agente, como também melhora a saúde geral da rede, evitando o esgotamento de recursos num único nó. Além disso, os agentes móveis conscientes dos recursos podem ajustar dinamicamente o seu comportamento com base em condições em tempo real, como a alteração de cargas de trabalho ou níveis variáveis de disponibilidade de recursos. Esta adaptabilidade permite-lhes tomar decisões informadas sobre a atribuição e execução de tarefas, conduzindo a fluxos de trabalho mais eficientes. Ao otimizar a utilização de recursos em todo o sistema, os agentes móveis contribuem para melhorar o desempenho, reduzir a latência e aumentar a fiabilidade em ambientes de computação distribuída. O seu conhecimento dos recursos também facilita um melhor equilíbrio da carga, garantindo que as tarefas são distribuídas eficazmente pelos recursos disponíveis, resultando, em última análise, num sistema mais resiliente e eficiente.

Segurança: Embora a mobilidade e a autonomia ofereçam muitos benefícios, também introduzem desafios de segurança significativos. Os agentes móveis devem ser capazes de funcionar com segurança em ambientes potencialmente hostis, onde podem estar expostos a várias ameaças, como adulteração, interceção ou acesso não autorizado. A natureza dinâmica da implantação de agentes móveis significa que eles frequentemente atravessam redes não confiáveis, tornando-os vulneráveis a ataques como espionagem ou cenários man-in-the-middle. Para mitigar estes riscos, são essenciais medidas de segurança robustas. A encriptação é uma estratégia fundamental que garante a confidencialidade e a integridade dos dados durante a transmissão, protegendo as informações sensíveis contra o acesso não autorizado. Os protocolos de autenticação também são críticos, permitindo que os agentes móveis verifiquem a identidade dos nós com os quais interagem e garantindo que apenas se envolvem com entidades de confiança. Além disso, as verificações de integridade podem ajudar a detetar quaisquer modificações não autorizadas no código ou nos dados do agente, fornecendo uma camada extra de segurança. A implementação de canais de comunicação seguros, como o SSL/TLS, aumenta ainda mais a proteção contra a interceção. Além disso, os agentes móveis podem ser concebidos com mecanismos de auto-proteção, permitindo-lhes reconhecer e responder a actividades suspeitas de forma autónoma. De um modo geral, a resolução dos problemas de segurança é fundamental para o êxito da implantação e do funcionamento dos agentes móveis em várias aplicações, uma vez que garante a fiabilidade e a credibilidade das suas operações em sistemas distribuídos.

2.1.2 Vantagens dos agentes móveis

Os agentes móveis oferecem várias vantagens interessantes que aumentam a sua utilidade em ambientes de computação distribuída. Estas vantagens resultam das suas caraterísticas únicas, permitindo operações mais eficientes e flexíveis numa série de aplicações. Em primeiro lugar, a mobilidade dos agentes permite-lhes deslocarem-se para o local onde se encontram os dados, reduzindo a necessidade de grandes transferências de dados através da rede. Isto não só alivia as restrições de largura de banda, como também diminui significativamente a latência, resultando em tempos de processamento mais rápidos. Em cenários em que as condições da rede podem ser pouco fiáveis ou inconsistentes, a capacidade de os agentes móveis funcionarem independentemente de um servidor central garante um funcionamento e uma capacidade de resposta contínuos. Além disso, os agentes móveis apresentam um elevado grau de autonomia, permitindo-lhes efetuar tarefas sem intervenção humana constante. Esta caraterística é particularmente valiosa em ambientes dinâmicos em que as condições podem mudar rapidamente, permitindo que os agentes adaptem as suas acções com base em dados e conhecimentos em tempo real. Por exemplo, em aplicações de gestão de redes, os agentes móveis podem detetar problemas de forma autónoma, implementar soluções e otimizar o desempenho sem necessitar da supervisão de uma unidade de controlo centralizada. Isto conduz a uma maior eficiência operacional e a melhores experiências para os utilizadores, uma vez que o sistema pode responder prontamente aos desafios emergentes. Outra vantagem significativa dos agentes móveis é a sua escalabilidade. À medida que a procura de recursos computacionais aumenta, podem ser implementados agentes adicionais na rede para lidar com novas tarefas, sem a necessidade de alterações substanciais na infraestrutura. Esta arquitetura descentralizada permite uma melhor atribuição de recursos e equilíbrio de carga, uma vez que os agentes podem distribuir dinamicamente as suas cargas de trabalho pelos nós disponíveis. Na prática, isto significa que as organizações podem gerir eficazmente cargas de trabalho variáveis, quer devido ao aumento da atividade dos utilizadores ou a flutuações nas necessidades de processamento de dados. Para além da escalabilidade, os agentes móveis contribuem para a otimização dos recursos, pois estão conscientes do seu ambiente. Podem avaliar as capacidades dos diferentes nós e selecionar os que oferecem os melhores recursos para as suas tarefas, quer em termos de capacidade de processamento, memória ou conetividade de rede. Esta tomada de decisão inteligente minimiza a contenção de recursos e maximiza a eficiência, permitindo que as organizações aproveitem a sua infraestrutura existente de forma mais eficaz. Por último, a capacidade de processamento paralelo dos agentes móveis permite a execução simultânea de várias tarefas em diferentes nós. Isto não só melhora o rendimento, como também permite a realização de análises mais complexas e abrangentes em tempo real. Ao funcionarem em paralelo, os agentes móveis podem reduzir significativamente o tempo necessário para efetuar cálculos em grande escala, o que os torna muito adequados para aplicações que exigem respostas rápidas e elevado desempenho.

Existem algumas vantagens fundamentais:

Redução da carga da rede: Uma das vantagens mais significativas dos agentes móveis é a sua capacidade de reduzir a carga da rede. Ao permitir que os agentes se desloquem para o local dos dados em vez de transmitirem grandes volumes de dados pela rede, os agentes móveis podem minimizar o consumo de largura de banda. Isto é particularmente benéfico em ambientes onde a largura de banda da rede é limitada ou dispendiosa, como em áreas remotas ou durante as horas de maior utilização. Quando um agente móvel processa os dados localmente, elimina a necessidade de transferências de dados extensas, que podem ser lentas e exigir muitos recursos. Além disso, esta redução no tráfego de dados ajuda a diminuir a latência, garantindo que as tarefas sejam concluídas de forma mais rápida e eficiente. Em geral, a capacidade de efetuar cálculos mais perto da fonte de dados não só optimiza a utilização dos recursos da rede, como também melhora o desempenho geral do sistema.

Autonomia e flexibilidade: Os agentes móveis funcionam de forma independente, tomando decisões e executando tarefas sem necessidade de intervenção humana contínua. Esta autonomia permite-lhes adaptarem-se a condições e ambientes em mudança em tempo real. Por exemplo, em sistemas dinâmicos como a gestão de redes, os agentes móveis podem detetar problemas e responder imediatamente, optimizando o desempenho sem esperar por instruções de uma autoridade centralizada. Esta flexibilidade também permite que os agentes móveis adaptem as suas acções com base nos requisitos específicos da tarefa em questão, quer esta envolva a recolha de informações, a execução de comandos ou a realização de análises complexas. Ao funcionarem de forma autónoma, os agentes móveis podem operar de forma mais eficiente, particularmente em cenários em que as respostas atempadas são críticas, melhorando assim a fiabilidade geral e a capacidade de resposta dos sistemas distribuídos.

Escalabilidade melhorada: A arquitetura dos agentes móveis suporta inerentemente a escalabilidade, facilitando a expansão das operações conforme necessário. Quando surgem novas tarefas, agentes adicionais podem ser implantados na rede sem sobrecarregar um servidor central ou banco de dados. Essa abordagem descentralizada permite uma alocação mais eficiente de recursos e balanceamento de carga, pois os agentes podem distribuir tarefas entre si e migrar para nós com recursos disponíveis. À medida que o sistema cresce, os agentes móveis podem adaptar-se e escalar para satisfazer as exigências crescentes, assegurando que o desempenho permanece ótimo. Esta escalabilidade é particularmente vantajosa em ambientes onde o número de utilizadores ou os volumes de dados flutuam, permitindo que as organizações mantenham a eficiência operacional sem necessitarem de alterações significativas na infraestrutura.

Desempenho melhorado: Os agentes móveis são concebidos para melhorar o desempenho dos sistemas distribuídos. Ao executarem tarefas localmente, podem reduzir a latência associada à transferência e processamento de dados. Isto é especialmente valioso em aplicações que requerem processamento em tempo real, como a monitorização ou a análise de dados. A capacidade de efetuar cálculos onde os dados residem elimina os atrasos causados por estrangulamentos na rede e permite respostas mais rápidas a condições variáveis. Além disso, os agentes móveis podem operar em paralelo em vários nós, aumentando ainda mais o rendimento e a eficiência. Esta capacidade de processamento simultâneo permite às organizações lidar com cargas de trabalho maiores e operações complexas de forma mais eficaz, resultando, em última análise, num melhor desempenho e satisfação do utilizador.

Otimização de recursos: Os agentes móveis têm consciência dos recursos, o que significa que podem avaliar as capacidades dos nós que visitam e otimizar as suas operações em conformidade. Esta caraterística permite-lhes utilizar os recursos de forma mais eficiente, selecionando os nós mais adequados para tarefas específicas com base na capacidade de processamento, armazenamento e condições de rede disponíveis. Ao distribuir as cargas de trabalho de forma inteligente, os agentes móveis podem evitar a contenção de recursos e garantir que nenhum nó fique sobrecarregado. Esta otimização de recursos não só melhora o desempenho de tarefas individuais, como também contribui para a estabilidade e fiabilidade globais do sistema. Além disso, ao minimizar a utilização desnecessária de recursos, os agentes móveis podem conduzir a poupanças de custos em termos de consumo de energia e de manutenção da infraestrutura.

2.1.3 Aplicações dos agentes móveis:

Os agentes móveis têm encontrado aplicações numa vasta gama de domínios, tirando partido das suas capacidades únicas para aumentar a eficiência, a adaptabilidade e o desempenho.

Eis algumas áreas-chave em que os agentes móveis estão a ter um impacto significativo:

Gestão de redes: Os agentes móveis desempenham um papel crucial na gestão da rede, monitorizando autonomamente o desempenho da rede, detectando anomalias e optimizando a atribuição de recursos. A sua capacidade de migrar para diferentes nós dentro de uma rede permite-lhes efetuar avaliações em tempo real dos padrões de tráfego, da utilização da largura de banda e da saúde dos dispositivos, assegurando que quaisquer ineficiências são prontamente resolvidas. Por exemplo, se um agente móvel detecta um pico súbito no tráfego ou um potencial estrangulamento, pode analisar a causa principal e decidir sobre a melhor forma de atuar, quer isso signifique reencaminhar os dados para vias menos congestionadas ou ajustar os parâmetros de qualidade do serviço. Além disso, os agentes móveis podem recolher e analisar dados históricos para identificar tendências no desempenho da rede ao longo do tempo. Esta capacidade de previsão permite-lhes abordar proactivamente potenciais questões antes que estas se transformem em problemas significativos. Ao manter uma avaliação contínua das condições da rede, os agentes móveis contribuem para uma infraestrutura mais resiliente, capaz de se adaptar à evolução da procura. Além disso, estes agentes podem comunicar entre si para partilhar conhecimentos e coordenar acções, melhorando a inteligência global do sistema de gestão da rede. Esta abordagem colaborativa garante que as decisões tomadas por um agente possam informar as acções de outros, conduzindo a uma resposta mais coesa e eficiente aos desafios da rede. Os agentes móveis também podem automatizar tarefas de manutenção de rotina, como actualizações de software e alterações de configuração, reduzindo a carga operacional do pessoal de TI. Esta automatização não só melhora a eficiência como também minimiza o potencial de erro humano durante estes processos. Ao operarem continuamente em segundo plano, os agentes móveis garantem que a rede permanece segura e optimizada sem necessitar de supervisão constante. Além disso, a sua natureza autónoma significa que os agentes móveis podem funcionar eficazmente mesmo em ambientes em que a intervenção humana é impraticável ou atrasada, tais como locais remotos ou durante as horas de menor movimento. Esta capacidade de funcionar de forma independente contribui significativamente para a fiabilidade global da rede, facilitando a gestão de sistemas complexos e distribuídos.

Recuperação de informação: No domínio da recuperação de informação, os agentes móveis podem percorrer várias bases de dados ou serviços Web para recolher dados relevantes com base em consultas do utilizador. Em vez de enviar pedidos para várias fontes, estes agentes podem operar no local, extraindo informações diretamente dos repositórios de dados. Este processamento localizado reduz significativamente a latência, uma vez que os dados não precisam de percorrer longas distâncias através da rede, acelerando assim os tempos de recuperação. Esta caraterística é especialmente vantajosa em ambientes em que o acesso rápido à informação é fundamental, como os serviços financeiros, os sistemas de resposta a emergências e a análise em tempo real. Os agentes móveis são capazes de filtrar e agregar dados de diversas fontes, permitindo que os utilizadores recebam resultados adaptados às suas necessidades específicas. Ao processar os dados localmente, os agentes podem aplicar algoritmos sofisticados para avaliar a relevância e a qualidade das informações, garantindo que apenas os resultados mais pertinentes sejam apresentados. Esta capacidade é particularmente útil em cenários de consultas complexas, em que os utilizadores procuram obter informações diferenciadas a partir de vastos conjuntos de dados. Além disso, os agentes móveis podem melhorar a recolha de dados, adaptando-se à estrutura e ao formato das diferentes fontes de informação. Podem interpretar autonomamente vários formatos de dados - como XML, JSON ou bases de dados SQL - permitindo uma interação perfeita com sistemas heterogéneos. Esta adaptabilidade permite que as organizações aproveitem os repositórios de dados existentes sem necessidade de reconfiguração extensiva ou migração de dados. Os agentes móveis podem ser concebidos para operar em domínios específicos, aumentando a sua eficácia em aplicações de nicho. Por exemplo, na investigação científica, os agentes móveis podem recolher dados de vários instrumentos de laboratório ou bases de dados, agregando os resultados e fornecendo aos investigadores uma visão global das suas experiências. Isto não só simplifica o processo de recolha de dados, como também promove a colaboração entre diferentes equipas de investigação.

Comércio eletrónico: Os agentes móveis têm aplicações significativas no comércio eletrónico, onde podem ajudar na comparação de preços, verificações de inventário e experiências de compra personalizadas. Ao deslocarem-se entre diferentes sistemas de fornecedores, os agentes móveis podem recolher autonomamente informações sobre produtos, comparar preços e até facilitar transacções em nome dos utilizadores. Esta capacidade simplifica o processo de compra, proporcionando aos utilizadores uma experiência unificada, ao mesmo tempo que permite aos comerciantes gerir os seus inventários de forma mais eficaz. As principais vantagens dos agentes móveis no comércio eletrónico são a sua capacidade de funcionar de forma contínua e independente, monitorizando a disponibilidade dos produtos e as alterações de preços em tempo real. Isto garante que os utilizadores recebem sempre a informação mais actualizada, melhorando a sua experiência de compra e permitindo-lhes tomar decisões informadas rapidamente. Por exemplo, se um utilizador estiver à procura de um produto específico, os agentes móveis podem pesquisar vários retalhistas em linha simultaneamente para encontrar o melhor preço, poupando tempo e esforço. Os agentes móveis podem analisar as preferências e o comportamento de compra dos utilizadores, o que lhes permite oferecer recomendações personalizadas. Ao aprenderem com as interações e preferências anteriores, estes agentes podem sugerir produtos que correspondam aos gostos dos utilizadores, melhorando a satisfação do cliente e aumentando potencialmente as vendas dos comerciantes. Este nível de personalização pode fomentar a lealdade, uma vez que é mais provável que os clientes regressem a plataformas que compreendem e satisfazem as suas necessidades. Os agentes móveis podem facilitar transacções sem problemas, integrando sistemas de pagamento e tratando do processamento de encomendas. Esta automatização reduz a probabilidade de erro humano e acelera o processo de checkout, contribuindo para uma experiência de compra mais tranquila. Com a capacidade adicional de acompanhar o estado e a entrega das encomendas, os agentes móveis mantêm os clientes informados, aumentando ainda mais o seu envolvimento. Em termos de gestão de inventário, os agentes móveis ajudam os comerciantes, fornecendo dados em tempo real sobre os níveis de stock e as tendências de vendas. Ao analisar esta informação, as empresas podem tomar melhores decisões relativamente ao reabastecimento e às promoções, assegurando que satisfazem a procura dos clientes sem sobrecarregar os seus recursos. Esta eficiência pode levar à redução dos custos operacionais e ao aumento da rentabilidade.

Computação distribuída: Em ambientes de computação distribuída, os agentes móveis podem efetuar cálculos complexos, distribuindo as tarefas por vários nós. Esta capacidade de operar em vários locais dentro de uma rede permite o processamento paralelo, em que vários agentes lidam com diferentes partes de um cálculo em simultâneo. Ao analisar os dados localmente, os agentes móveis minimizam a necessidade de uma transferência extensiva de dados, o que é especialmente benéfico em cenários que exigem processamento em tempo real ou em que a largura de banda da rede é limitada. Esta abordagem não só reduz a latência como também alivia o congestionamento da rede, permitindo operações mais suaves e eficientes.

Por exemplo, na análise de dados em grande escala, os agentes móveis podem ser implantados em diferentes fontes de dados, processando as informações diretamente no local da recolha. Esta computação local garante que apenas os resultados essenciais ou os dados resumidos são enviados de volta para um servidor central, reduzindo significativamente o volume de dados que precisam de ser transmitidos. Como resultado, o sistema pode lidar com conjuntos de dados maiores sem ser estrangulado por restrições de rede. Os agentes móveis aumentam a tolerância a falhas em sistemas distribuídos. Se um nó ficar indisponível, os agentes podem reencaminhar autonomamente as suas tarefas para nós alternativos, mantendo a continuidade das operações sem necessidade de intervenção humana. Esta resiliência é fundamental em ambientes onde o tempo de funcionamento e a fiabilidade são primordiais, como os serviços financeiros ou os sistemas de saúde. A flexibilidade dos agentes móveis permite-lhes adaptarem-se a cargas computacionais variáveis e à disponibilidade de recursos. Podem atribuir tarefas de forma dinâmica com base nas capacidades actuais dos nós que encontram, optimizando o desempenho com base nas condições em tempo real. Esta adaptabilidade garante que os recursos são utilizados de forma eficaz, melhorando ainda mais a eficiência global do sistema. A natureza distribuída dos agentes móveis pode levar a uma melhor escalabilidade. À medida que a procura aumenta, podem ser implementados agentes adicionais para lidar com cargas de trabalho crescentes sem a necessidade de alterações significativas à infraestrutura subjacente. Esta escalabilidade é particularmente valiosa em ambientes de computação em nuvem, onde os recursos podem ser fornecidos a pedido.

Redes de sensores: Os agentes móveis são cada vez mais utilizados em redes de sensores para monitorização ambiental, cidades inteligentes e aplicações agrícolas. A sua capacidade de navegar através de nós sensores e recolher dados sobre as condições ambientais torna-os inestimáveis nestes domínios. Ao recolher e analisar informações de forma autónoma, os agentes móveis podem tomar decisões informadas que melhoram a eficiência operacional e a gestão de recursos. Por exemplo, em ambientes agrícolas, os agentes móveis podem avaliar os níveis de humidade do solo em várias parcelas de terreno. Ao analisar estes dados em tempo real, podem otimizar os programas de irrigação, garantindo que as culturas recebem a quantidade certa de água no momento certo. Isto não só conserva os preciosos recursos hídricos, como também melhora o rendimento das culturas, evitando a rega excessiva ou insuficiente, que pode afetar negativamente a saúde das plantas. Nas cidades inteligentes, os agentes móveis podem monitorizar ambientes urbanos recolhendo dados de vários sensores relacionados com a qualidade do ar, padrões de tráfego e utilização de energia. Ao processar esta informação localmente, os agentes podem identificar pontos críticos de poluição ou áreas de congestionamento, permitindo aos planeadores urbanos implementar intervenções atempadas. Por exemplo, os agentes podem acionar alertas para o aumento do tráfego ou sugerir percursos alternativos para minimizar o congestionamento, melhorando assim a mobilidade urbana em geral. Os agentes móveis na monitorização ambiental podem ser implantados em locais remotos ou perigosos, onde o acesso humano é difícil. Podem recolher dados sobre as condições climáticas, as populações de animais selvagens ou os níveis de poluição, contribuindo com informações valiosas para investigadores e decisores políticos. As suas capacidades autónomas de tomada de decisões permitem-lhes responder às alterações ambientais em tempo real, facilitando respostas mais rápidas a ameaças ecológicas ou emergências. Os agentes móveis podem colaborar entre si no âmbito de redes de sensores, partilhando dados e conhecimentos para melhorar a inteligência colectiva. Esta colaboração permite uma monitorização e análise mais abrangentes, resultando em decisões mais bem informadas em várias aplicações. Por exemplo, uma rede de agentes móveis poderia avaliar coletivamente a saúde ambiental regional e comunicar os resultados às partes interessadas, conduzindo a esforços de conservação mais eficazes.

Segurança e vigilância: Nas aplicações de segurança e vigilância, os agentes móveis podem ser utilizados para monitorizar áreas ou sistemas específicos para detetar potenciais violações da segurança. A sua capacidade de analisar autonomamente as imagens de vídeo permite-lhes detetar actividades suspeitas, tais como acesso não autorizado ou comportamento invulgar, e alertar o pessoal de segurança em tempo real. Ao processar os dados localmente no local de recolha, os agentes móveis reduzem significativamente a quantidade de informação que tem de ser transmitida às estações de monitorização centrais, minimizando assim a utilização da largura de banda. Este processamento localizado não só conserva os recursos da rede como também melhora os tempos de resposta, permitindo intervenções mais rápidas quando são detectadas ameaças. Por exemplo, se um agente móvel identificar uma pessoa a vaguear numa área restrita, pode notificar imediatamente o pessoal de segurança e fornecer imagens de vídeo ou dados relevantes para análise posterior, facilitando a ação imediata.

Além disso, os agentes móveis podem ser programados com algoritmos sofisticados para deteção de movimentos e reconhecimento de anomalias. Esta capacidade permite-lhes distinguir entre actividades normais e suspeitas, reduzindo assim os falsos alarmes e permitindo que as equipas de segurança se concentrem nas ameaças genuínas. Ao adaptarem-se a vários ambientes, os agentes móveis podem adaptar as suas estratégias de monitorização a contextos específicos, seja em ambientes empresariais, espaços públicos ou instalações sensíveis. Os agentes móveis podem trabalhar de forma colaborativa numa rede de sistemas de vigilância. Podem comunicar os resultados uns aos outros, partilhando conhecimentos e coordenando acções para cobrir áreas maiores de forma mais eficaz. Esta abordagem colaborativa aumenta o conhecimento da situação e melhora a eficácia global das medidas de segurança. No contexto das cidades inteligentes, os agentes móveis podem integrar-se noutros sistemas urbanos, como câmaras de trânsito e sensores ambientais, para proporcionar uma visão abrangente da segurança urbana. Por exemplo, podem analisar os padrões de tráfego em conjunto com as imagens de vídeo para detetar potenciais ameaças relacionadas com a segurança pública, como motins ou acidentes, e alertar os serviços de emergência em conformidade. A utilização de agentes móveis pode conduzir a poupanças de custos nas operações de segurança. Ao automatizar as tarefas de monitorização de rotina, as organizações podem atribuir recursos humanos de forma mais eficiente, concentrando o pessoal em áreas de alto risco ou incidentes que exijam intervenção direta. Esta eficiência não só melhora os resultados da segurança, como também aumenta a segurança geral dos espaços públicos.

Trabalho colaborativo: Os agentes móveis facilitam o trabalho colaborativo em equipas distribuídas, permitindo uma comunicação e partilha de recursos sem falhas. Servem como intermediários que ajudam a gerir as revisões de documentos, garantindo que os membros da equipa estão sempre a trabalhar nas versões mais actualizadas dos ficheiros. Ao acompanhar autonomamente as alterações e sincronizar as edições, os agentes móveis reduzem o risco de conflitos de versões, o que pode levar a confusão e ineficiência em projectos de colaboração. Os agentes móveis podem coordenar as tarefas do projeto, atribuindo responsabilidades aos membros da equipa com base na sua disponibilidade e experiência. Podem enviar lembretes e actualizações, mantendo todos informados sobre prazos e progressos. Esta capacidade é particularmente benéfica em ambientes de ritmo acelerado, onde a comunicação atempada é crucial para o sucesso. Para além da gestão de documentos e tarefas, os agentes móveis podem recolher e agregar dados de várias fontes, fornecendo às equipas informações abrangentes que conduzem a uma tomada de decisões informada. Por exemplo, numa equipa de marketing, um agente móvel pode recolher métricas de desempenho de diferentes campanhas e apresentá-las num painel de controlo unificado, permitindo avaliações rápidas e ajustes estratégicos. Os agentes móveis também melhoram a sincronização entre diferentes plataformas e ferramentas que os membros da equipa possam estar a utilizar. Ao estabelecerem uma ponte entre várias aplicações, garantem que a informação flui sem problemas entre sistemas, permitindo um ambiente de trabalho mais integrado. Esta interoperabilidade permite que os membros da equipa colaborem eficazmente, independentemente do software que preferem ou dos dispositivos que utilizam. A utilização de agentes móveis pode reduzir significativamente as despesas gerais associadas aos esforços de colaboração manual. Ao automatizar tarefas de rotina, como o envio de actualizações ou a recolha de feedback, os membros da equipa podem concentrar-se em aspectos mais críticos do seu trabalho, aumentando assim a produtividade. Esta eficiência é especialmente importante em equipas geograficamente dispersas, onde os desafios dos fusos horários e as barreiras de comunicação podem impedir o progresso. Os agentes móveis podem facilitar a colaboração em tempo real, permitindo o acesso simultâneo a recursos partilhados. Isto significa que vários membros da equipa podem trabalhar num documento simultaneamente, com o agente móvel a gerir as interações para garantir a consistência. Esta funcionalidade promove um sentido de trabalho em equipa e de envolvimento, mesmo quando os membros não estão fisicamente presentes no mesmo local.

Cuidados de saúde: No sector dos cuidados de saúde, os agentes móveis podem ser utilizados para monitorização de doentes, recolha de dados e até aplicações de telemedicina. A sua capacidade de recolher autonomamente dados de saúde a partir de dispositivos portáteis, como monitores de ritmo cardíaco, sensores de glicose e rastreadores de fitness, permite a monitorização contínua das condições dos pacientes. Esta recolha de dados em tempo real permite a identificação de tendências ou anomalias nas métricas de saúde dos pacientes, fornecendo informações valiosas que podem fundamentar decisões clínicas. Ao analisar estes dados localmente, os agentes móveis podem avaliar se os indicadores de saúde estão fora dos intervalos normais, accionando alertas para os prestadores de cuidados de saúde, conforme necessário. Esta abordagem proactiva melhora os resultados dos doentes, facilitando intervenções atempadas. Por exemplo, se um agente móvel detetar um ritmo cardíaco irregular ou uma alteração significativa nos níveis de açúcar no sangue, pode notificar imediatamente o pessoal médico, permitindo uma resposta e cuidados rápidos. Os agentes móveis podem simplificar o processo de agregação de dados de várias fontes, incluindo registos de saúde electrónicos (EHRs), resultados laboratoriais e estudos de imagiologia. Ao consolidar esta informação, os agentes podem criar uma visão abrangente do estado de saúde de um paciente, ajudando os prestadores de cuidados de saúde a tomar decisões bem informadas relativamente ao diagnóstico e ao tratamento. Esta abordagem holística não só melhora a qualidade dos cuidados, como também reduz a probabilidade de supervisão em casos médicos complexos. Nas aplicações de telemedicina, os agentes móveis facilitam as consultas à distância, gerindo o fluxo de informação entre os doentes e os prestadores de cuidados de saúde. Podem ajudar na marcação de consultas, na recolha de informações preliminares sobre a saúde e até fornecer aos doentes conselhos de saúde personalizados com base nas suas condições actuais. Esta capacidade aumenta a eficiência dos cuidados virtuais, assegurando que os prestadores de cuidados têm todos os dados necessários na ponta dos dedos antes das consultas. Além disso, os agentes móveis podem apoiar a gestão de doenças crónicas, envolvendo os doentes nos seus processos de cuidados. Podem lembrar os doentes de tomar os medicamentos, registar os sintomas e incentivar a adesão aos planos de tratamento. Este envolvimento permite que os doentes assumam um papel ativo na gestão da sua saúde, conduzindo potencialmente a melhores resultados a longo prazo.

Jogos e ambientes virtuais: Os agentes móveis são também utilizados em jogos e ambientes virtuais, onde podem melhorar significativamente as experiências dos utilizadores, adaptando os cenários dos jogos com base nas interações dos jogadores. A sua capacidade de operar de forma autónoma permite-lhes gerir o comportamento de personagens não-jogadores (NPC), garantindo que estas personagens respondem de forma inteligente às acções dos jogadores. Este nível de reação cria uma experiência de jogo mais envolvente, uma vez que os jogadores encontram NPCs que exibem comportamentos realistas, fazendo com que o mundo virtual pareça vivo e dinâmico. Ao utilizar agentes móveis, os criadores de jogos podem implementar algoritmos complexos de tomada de decisões que regem as interações dos NPC. Por exemplo, os NPCs podem aprender com o comportamento dos jogadores ao longo do tempo, ajustando as suas respostas com base em encontros anteriores. Esta adaptabilidade não só enriquece a jogabilidade, como também promove uma ligação emocional mais profunda entre os jogadores e o ambiente do jogo. Os agentes móveis podem alterar dinamicamente os ambientes do jogo em tempo real, respondendo às escolhas e acções dos jogadores. Esta capacidade permite a criação de narrativas ramificadas e paisagens em evolução, em que as consequências das decisões do jogador se manifestam em mudanças tangíveis no mundo do jogo. Esta interatividade aumenta a capacidade de repetição dos jogos, incentivando os jogadores a explorar diferentes caminhos e resultados com base nas suas escolhas. Em contextos multijogadores, os agentes móveis podem facilitar interações perfeitas entre os jogadores, coordenando eventos, gerindo recursos e equilibrando a dinâmica do jogo. Podem garantir que as experiências dos jogadores permanecem justas e interessantes, ajustando os níveis de dificuldade ou a disponibilidade de recursos com base nas acções colectivas da comunidade de jogo. Este equilíbrio em tempo real aumenta a satisfação do jogador e incentiva um envolvimento prolongado. Além disso, os agentes móveis podem ajudar a monitorizar o comportamento dos jogadores para garantir o cumprimento das regras e políticas do jogo. Podem detetar batota ou comportamentos tóxicos, permitindo aos criadores implementar rapidamente medidas corretivas. Esta supervisão contribui para uma comunidade de jogo mais saudável e preserva a integridade do ambiente de jogo.

Investigação e desenvolvimento: Na investigação e desenvolvimento, os agentes móveis podem ajudar em simulações, análise de dados e projectos de colaboração entre instituições. A sua capacidade de recolher autonomamente dados de várias fontes - incluindo bases de dados, publicações e resultados experimentais - simplifica o processo de recolha de dados, que pode muitas vezes ser demorado e trabalhoso. Ao agregarem eficientemente a informação relevante, os agentes móveis permitem que os investigadores se concentrem na interpretação e na inovação, em vez de se concentrarem na tediosa recolha de dados. Além disso, os agentes móveis podem efetuar análises complexas utilizando recursos informáticos distribuídos. Podem executar simulações ou modelar cenários com base em parâmetros definidos pelos investigadores, permitindo iterações e aperfeiçoamentos rápidos. Esta capacidade é particularmente valiosa em domínios como a modelação climática, a descoberta de medicamentos e a ciência dos materiais, em que são frequentemente necessários grandes conjuntos de dados e poder computacional para testar hipóteses e validar resultados. Em projectos de colaboração, os agentes móveis melhoram a comunicação entre investigadores de diferentes instituições, eliminando os silos que muitas vezes impedem o trabalho interdisciplinar. Podem facilitar a partilha de resultados e ideias em tempo real, garantindo que todos os colaboradores têm acesso aos dados e análises mais recentes. Isto promove um ambiente de investigação mais integrado, incentivando perspectivas diversas e soluções inovadoras para problemas complexos. Os agentes móveis podem ajudar a gerir os fluxos de trabalho dos projectos, acompanhando o progresso, coordenando tarefas e enviando notificações aos membros da equipa. Este aspeto da gestão de projectos garante que os prazos são cumpridos e que todos os colaboradores estão alinhados, aumentando assim a produtividade global. Por exemplo, num projeto de subvenção multi-institucional, um agente móvel pode monitorizar a conclusão de tarefas e lembrar os membros da equipa dos próximos marcos. mAlém disso, os agentes móveis podem ser programados para respeitar a privacidade e a confidencialidade dos dados sensíveis. Através da implementação de protocolos de segurança, podem garantir a proteção da informação proprietária, permitindo simultaneamente uma colaboração eficaz e a partilha de dados entre investigadores. Isto é particularmente importante em domínios como a investigação biomédica, onde a sensibilidade dos dados é fundamental.

2.1.4 Desafios na computação de agentes móveis:

A computação com agentes móveis apresenta um conjunto único de vantagens, mas também enfrenta vários desafios significativos que podem afetar a sua eficácia e adoção. Estes desafios resultam das caraterísticas inerentes aos agentes móveis, bem como dos ambientes em que operam.

Segurança: A segurança é uma das principais preocupações dos agentes móveis, uma vez que estes operam em ambientes potencialmente hostis, onde são vulneráveis a várias ameaças. Uma questão importante é a integridade dos dados; os agentes móveis transportam frequentemente informações sensíveis quando migram através de redes diferentes. Se estes dados forem interceptados ou adulterados durante o trânsito, podem ter consequências graves, incluindo o acesso não autorizado a informações confidenciais e a manipulação de conjuntos de dados críticos. A autenticação é outro aspeto crítico da segurança em sistemas de agentes móveis. Garantir que apenas os agentes autorizados podem aceder a recursos específicos ou realizar determinadas acções é essencial para manter a integridade de todo o sistema. Para tal, são necessários mecanismos de autenticação robustos, como técnicas criptográficas, para verificar a identidade dos agentes e a sua legitimidade. Sem uma autenticação forte, as entidades maliciosas podem fazer-se passar por agentes legítimos, conduzindo a um acesso não autorizado aos dados ou a operações prejudiciais. A autorização também desempenha um papel vital na segurança dos agentes móveis. Assim que um agente é autenticado, deve ser restringido a acções específicas com base nas suas permissões. A implementação de controlos de acesso de granularidade fina garante que os agentes só podem interagir com os recursos a que estão autorizados a aceder. Isto não só protege os dados sensíveis, como também ajuda a gerir a postura geral de segurança do sistema, minimizando as potenciais superfícies de ataque. Outro desafio na segurança dos agentes móveis é garantir que os agentes não possam ser facilmente manipulados ou mal utilizados quando chegam ao seu destino. Os agentes funcionam frequentemente de forma autónoma, executando tarefas sem supervisão constante. Se um agente for comprometido numa máquina anfitriã, pode executar acções prejudiciais, como alterar ou apagar dados, o que pode ter efeitos em cascata no sistema e nos seus utilizadores. Para combater estes desafios, os programadores devem adotar medidas de segurança abrangentes. Estas podem incluir a utilização de protocolos de comunicação seguros, como o TLS/SSL, para encriptar os dados transmitidos entre agentes e servidores. Além disso, a utilização de técnicas de empacotamento à prova de adulteração pode ajudar a proteger os agentes de serem alterados durante o seu percurso. As actualizações e correcções regulares são também essenciais para resolver vulnerabilidades que possam surgir no software que sustenta os agentes móveis. Além disso, a investigação em curso está a explorar a utilização da tecnologia blockchain para aumentar a segurança dos agentes móveis. Tirando partido das caraterísticas descentralizadas e imutáveis da cadeia de blocos, pode ser possível criar um quadro mais seguro para as operações dos agentes, assegurando que as acções realizadas pelos agentes são transparentes e verificáveis.

Normalização: A normalização é um desafio significativo no domínio da computação de agentes móveis, uma vez que a ausência de plataformas e protocolos universalmente aceites pode impedir a interoperabilidade e limitar a adoção generalizada desta tecnologia. Diferentes programadores e organizações criam frequentemente os seus próprios sistemas proprietários, resultando num cenário fragmentado em que os agentes móveis de uma plataforma não podem comunicar ou operar facilmente com os de outra. Esta fragmentação cria barreiras que podem impedir a colaboração e a inovação, uma vez que os investigadores e os profissionais podem ter dificuldade em integrar diversos sistemas ou em partilhar aplicações de agentes móveis em ambientes diferentes. A falta de normalização também pode complicar o processo de desenvolvimento para os engenheiros de software. Quando confrontados com várias normas ou com a ausência de diretrizes claras, os programadores podem ter de investir tempo e recursos consideráveis na criação de soluções personalizadas que respondam a plataformas específicas, em vez de se concentrarem nas funcionalidades principais dos seus agentes móveis. Isto pode levar a um aumento dos custos e a ciclos de desenvolvimento mais longos, desencorajando as pequenas organizações ou as empresas em fase de arranque de adoptarem a tecnologia de agentes móveis. Além disso, a normalização é crucial para promover um ecossistema de apoio em torno dos agentes móveis, que inclui ferramentas, bibliotecas e estruturas que podem melhorar o desenvolvimento e a implementação. Sem normas comuns, a criação de ambientes de desenvolvimento robustos torna-se um desafio, limitando a disponibilidade de recursos partilhados e de melhores práticas. Esta situação acaba por travar a inovação e atrasar a evolução da tecnologia de agentes móveis. Para resolver estas questões, é essencial desenvolver normas e quadros comuns que promovam a interoperabilidade entre diferentes plataformas de agentes móveis. As iniciativas podem envolver a colaboração entre líderes da indústria, investigadores académicos e organizações de definição de normas para estabelecer diretrizes para protocolos de agentes, métodos de comunicação e medidas de segurança. Ao criar uma estrutura coesa, as partes interessadas podem garantir que os agentes móveis podem funcionar sem problemas em diferentes sistemas, melhorando a sua utilidade e expandindo as suas aplicações. Além disso, o estabelecimento de normas pode ajudar a criar processos de certificação para as tecnologias de agentes móveis, dando garantias de compatibilidade e desempenho. Essas certificações aumentariam a confiança dos utilizadores na adoção de agentes móveis, sabendo que estão em conformidade com padrões de referência reconhecidos.

Gestão de recursos: A gestão de recursos em sistemas de agentes móveis representa um desafio complexo, principalmente devido às diversas capacidades e disponibilidade de recursos em diferentes nós de uma rede. Os agentes móveis migram frequentemente para vários ambientes, cada um com as suas próprias especificações de hardware, capacidade de processamento, memória e recursos energéticos. Esta variabilidade exige uma abordagem adaptativa da atribuição de recursos, garantindo que os agentes possam funcionar eficazmente independentemente da infraestrutura subjacente. Uma gestão eficiente dos recursos é crucial para manter o desempenho e a capacidade de resposta dos agentes móveis. Quando os agentes se deslocam para nós com recursos limitados, devem ser capazes de ajustar dinamicamente a sua utilização de recursos para evitar sobrecarregar o sistema anfitrião. Isto exige algoritmos sofisticados que possam avaliar a disponibilidade de recursos em tempo real e tomar decisões informadas sobre a execução de tarefas, o processamento de dados e as estratégias de comunicação. Esses algoritmos podem envolver técnicas de equilíbrio de carga que distribuem uniformemente as cargas de trabalho pelos nós, garantindo que nenhum nó se torne um estrangulamento, optimizando simultaneamente o desempenho global do sistema. Além disso, a eficiência energética é uma preocupação primordial em ambientes móveis, particularmente para dispositivos que funcionam com bateria. Os agentes móveis precisam de conservar energia para prolongar a vida operacional dos dispositivos móveis, mantendo ao mesmo tempo um desempenho eficaz. As estratégias de gestão de recursos podem incluir a atribuição de prioridade a operações de baixo consumo de energia, a programação de tarefas em horários óptimos para o consumo de energia e a utilização de modos de suspensão quando os agentes estão inactivos. Ao implementar técnicas de gestão de recursos com consciência energética, os agentes móveis podem maximizar a sua eficácia, minimizando a utilização de energia. Outro aspeto da gestão de recursos envolve garantir a equidade na atribuição de recursos. Em cenários em que vários agentes estão a competir por recursos limitados, é essencial desenvolver estratégias que evitem a fome e garantam um acesso equitativo. Isto pode envolver a implementação de esquemas de prioridade ou abordagens de partilha de tempo que equilibrem as necessidades de vários agentes com base nas suas tarefas e urgência. A atribuição justa de recursos é fundamental para manter a estabilidade do sistema e evitar conflitos que podem surgir quando os agentes disputam os mesmos recursos. A gestão dos recursos deve ter em conta as condições da rede que podem afetar a disponibilidade e o desempenho dos recursos. As variações na largura de banda e na latência podem afetar a forma como os agentes comunicam e recuperam dados, exigindo estratégias adaptativas que possam responder a ambientes de rede em mudança. Por exemplo, os agentes móveis podem ajustar as suas taxas de transferência de dados ou alternar entre diferentes protocolos de comunicação com base em avaliações em tempo real das condições da rede.

Custos de comunicação: A sobrecarga de comunicação é um fator importante a considerar nos sistemas de agentes móveis, sobretudo porque estes agentes são concebidos para reduzir a carga da rede, efectuando cálculos localmente. No entanto, o processo de migração de agentes entre nós introduz o seu próprio conjunto de desafios e custos, que podem anular algumas das vantagens obtidas através do processamento local. Sempre que um agente móvel se desloca de um nó para outro, tem de transferir o seu código, estado e quaisquer dados necessários. Esta migração pode consumir uma largura de banda considerável, especialmente se o agente for grande ou se precisar de se deslocar frequentemente na rede. A chave para otimizar o desempenho em sistemas de agentes móveis está em encontrar o equilíbrio certo entre os benefícios do processamento local e os custos associados à migração. Se um agente tiver de migrar com demasiada frequência, a sobrecarga cumulativa de comunicação pode tornar-se significativa, conduzindo a atrasos e a uma redução da eficiência global. Em contrapartida, se um agente permanecer estacionário durante longos períodos, pode perder oportunidades de recolher dados ou concluir tarefas de forma mais eficiente, utilizando recursos disponíveis noutros nós. Por conseguinte, é fundamental otimizar as estratégias de migração. Uma abordagem para reduzir a sobrecarga de comunicação é implementar políticas de migração inteligentes que avaliem os custos e benefícios de mover um agente com base na disponibilidade atual de recursos, nas condições da rede e na natureza das tarefas que estão a ser executadas. Por exemplo, os agentes podem ser programados para migrar apenas quando determinados limites são atingidos - como quando a capacidade de processamento local cai abaixo de um nível específico ou quando a carga de trabalho prevista excede o que pode ser tratado com eficiência no nó atual. Além disso, a otimização do tamanho dos próprios agentes pode ajudar a reduzir a sobrecarga de comunicação. Agentes mais pequenos e simplificados podem exigir a transferência de menos dados durante a migração, permitindo transições mais rápidas entre nós. Técnicas como a compressão também podem ser utilizadas para minimizar o tamanho dos dados enviados, reduzindo ainda mais o impacto na largura de banda. Outra estratégia envolve a utilização de mecanismos de cache, em que os agentes podem armazenar temporariamente dados frequentemente acedidos em vários nós. Isto pode ajudar a reduzir a necessidade de migrações repetidas, uma vez que os agentes podem recuperar localmente os dados armazenados em cache, em vez de terem de transferir repetidamente grandes quantidades de informação. A monitorização das condições da rede em tempo real pode permitir que os agentes adaptem as suas estratégias de migração de forma dinâmica. Ao analisar factores como a latência da rede, a disponibilidade de largura de banda e a carga dos nós, os agentes móveis podem tomar decisões informadas sobre se devem migrar agora ou adiar a sua deslocação até que as condições sejam mais favoráveis.

Complexidade de desenvolvimento: A complexidade do desenvolvimento é um desafio significativo na criação de agentes móveis, uma vez que engloba uma vasta gama de considerações técnicas e operacionais que os programadores têm de ultrapassar. Uma das principais complexidades é garantir uma mobilidade robusta, o que exige que os agentes móveis se desloquem sem problemas através de diferentes ambientes de rede sem perder o seu estado ou funcionalidade. Para tal, é necessário conceber sistemas capazes de lidar com vários protocolos de rede, problemas de conetividade e diversas configurações de hardware, o que torna o processo de desenvolvimento complexo e intensivo em recursos. A autonomia é outro aspeto crítico que os programadores devem abordar. Os agentes móveis precisam de funcionar de forma independente, tomando decisões com base em regras predefinidas ou em comportamentos aprendidos. Isto exige uma programação sofisticada para equipar os agentes com as capacidades de tomada de decisões necessárias, incluindo algoritmos de aprendizagem automática que lhes permitam adaptar-se a novas situações e otimizar as suas acções. A complexidade da implementação deste tipo de comportamento inteligente pode dissuadir as organizações que não possuem as competências ou os recursos necessários. A segurança complica ainda mais o cenário do desenvolvimento. Os agentes móveis têm de funcionar em ambientes potencialmente hostis, onde prevalecem os riscos de adulteração de dados, interceção e acesso não autorizado. Os programadores têm de implementar medidas de segurança robustas, incluindo encriptação, autenticação e mecanismos de controlo de acesso. Estas caraterísticas de segurança devem ser integradas sem problemas na arquitetura do agente móvel, acrescentando camadas de complexidade ao processo de conceção. A gestão de recursos também coloca desafios significativos. À medida que os agentes móveis migram entre nós com capacidades variáveis, os programadores têm de conceber estratégias eficientes de atribuição de recursos que garantam um desempenho ótimo, evitando o esgotamento dos recursos. Isto exige uma compreensão profunda da arquitetura do sistema subjacente e a implementação de algoritmos que possam gerir dinamicamente os recursos em tempo real, o que complica ainda mais o processo de desenvolvimento. A falta de normalização nas plataformas de agentes móveis pode exacerbar estas complexidades. Sem protocolos ou estruturas universalmente aceites, os programadores podem ter de criar soluções personalizadas, o que leva a um aumento dos tempos e custos de desenvolvimento. Esta fragmentação pode também dificultar a colaboração e a integração com outros sistemas, complicando ainda mais a implementação de agentes móveis em aplicações reais. Além disso, o teste e a depuração de agentes móveis podem ser particularmente difíceis devido à sua natureza autónoma e migratória. Os métodos de ensaio tradicionais podem não captar adequadamente o comportamento dinâmico dos agentes móveis, exigindo que os programadores adoptem novas estratégias e ferramentas para validar a funcionalidade e o desempenho dos agentes em diferentes ambientes.

2.2 Segurança e tolerância a falhas na computação móvel:

No panorama em rápida evolução da computação móvel, em que os dispositivos estão constantemente ligados a várias redes e funcionam frequentemente em diversos ambientes, garantir a segurança e a tolerância a falhas tornou-se fundamental. Os dispositivos móveis, incluindo smartphones, tablets e wearables, enfrentam desafios únicos que diferem dos sistemas informáticos tradicionais. A mobilidade destes dispositivos, associada à sua frequente interação com redes não fiáveis, expõe-nos a uma miríade de ameaças à segurança, incluindo violações de dados, ataques de malware e acesso não autorizado. Esta vulnerabilidade é exacerbada pelo facto de os utilizadores armazenarem frequentemente informações sensíveis, como dados bancários, registos pessoais de saúde e comunicações confidenciais, nos seus dispositivos móveis. Para resolver estes problemas de segurança, é essencial uma abordagem a vários níveis. Isto inclui a utilização de técnicas de encriptação para proteger os dados em repouso e em trânsito, garantindo assim que as informações sensíveis permanecem seguras mesmo que sejam interceptadas. Além disso, a implementação de métodos de autenticação robustos, como a verificação biométrica e a autenticação multi-fator, pode reduzir significativamente o risco de acesso não autorizado. Estas medidas de segurança devem ser complementadas por uma formação contínua dos utilizadores, informando-os sobre as potenciais ameaças e as melhores práticas para proteger os seus dados. A natureza dinâmica da computação móvel exige estratégias eficazes de tolerância a falhas para manter a funcionalidade do sistema durante as interrupções. Os dispositivos móveis estão frequentemente sujeitos a condições de rede variáveis, o que pode levar a interrupções de serviço e inconsistência de dados. Por exemplo, os utilizadores podem alternar entre redes Wi-Fi e celulares ou encontrar sinais fracos, o que torna crucial que as aplicações disponham de mecanismos que permitam transições contínuas sem perda de dados ou degradação do desempenho. O armazenamento local de dados em cache e as capacidades de funcionamento offline permitem que os utilizadores continuem o seu trabalho mesmo quando a conetividade é intermitente, melhorando a experiência global do utilizador. As aplicações móveis devem ser concebidas para tratar os erros de forma adequada. A implementação de mecanismos robustos de tratamento de erros e de recuperação permite que as aplicações respondam eficazmente a problemas como o tempo limite da rede ou a indisponibilidade do serviço. Esta adaptabilidade não só melhora a satisfação do utilizador como também promove a confiança nas tecnologias móveis. Como as organizações dependem cada vez mais da computação móvel para as operações comerciais, garantir a segurança e a tolerância a falhas torna-se vital para proteger dados sensíveis e manter a continuidade operacional. À medida que a tecnologia móvel continua a avançar, as tendências emergentes, como a computação periférica e a inteligência artificial, desempenharão um papel significativo no reforço da segurança e da tolerância a falhas. A computação periférica pode reduzir a latência através do processamento de dados mais próximo da fonte, melhorando assim a capacidade de resposta e a resiliência das aplicações. Entretanto, as soluções de segurança baseadas em IA podem analisar padrões e detetar anomalias em tempo real, proporcionando defesas proactivas contra ameaças emergentes.

2.2.1 Segurança na computação móvel:

A segurança na computação móvel engloba um conjunto abrangente de medidas concebidas para proteger dados, aplicações e utilizadores contra o acesso não autorizado, a utilização indevida e uma variedade de ciberameaças. Dada a natureza sensível das informações frequentemente armazenadas e processadas em dispositivos móveis - tais como detalhes pessoais, dados financeiros e registos de saúde - a implementação de protocolos de segurança robustos é essencial para proteger contra potenciais violações. Uma das estratégias mais importantes é a utilização da encriptação de dados, que garante que a informação permanece ilegível para partes não autorizadas. A encriptação pode ser aplicada tanto a dados em repouso, como ficheiros armazenados num dispositivo, como a dados em trânsito, que são enviados através de redes. Outro aspeto crítico da segurança móvel é a autenticação, que verifica a identidade dos utilizadores que acedem a aplicações ou serviços. Vários métodos, incluindo a proteção por palavra-passe, a autenticação biométrica, como as impressões digitais e o reconhecimento facial, e a autenticação multifactor, reforçam a segurança adicionando camadas de verificação. Estes métodos ajudam a impedir o acesso não autorizado, especialmente em dispositivos que podem ser perdidos ou roubados. Além disso, a segurança das aplicações é fundamental, uma vez que as aplicações móveis podem ser susceptíveis a vulnerabilidades se não forem corretamente concebidas. Os programadores devem empregar práticas de codificação seguras para mitigar riscos como ataques de injeção e excessos de memória intermédia. As actualizações e correcções regulares são vitais para resolver quaisquer vulnerabilidades recentemente descobertas, garantindo que as aplicações permanecem seguras ao longo do tempo. A segurança da rede é outra preocupação significativa na computação móvel, especialmente porque os utilizadores se ligam frequentemente a redes Wi-Fi públicas, que podem ser inerentemente inseguras. Para mitigar riscos como os ataques man-in-the-middle, a utilização de Redes Privadas Virtuais (VPN) pode encriptar o tráfego da Internet, protegendo os dados contra escutas. Educar os utilizadores sobre os perigos da ligação a redes não seguras é igualmente importante, uma vez que a sensibilização pode melhorar significativamente as práticas de segurança. As soluções de gestão de dispositivos móveis (MDM) também desempenham um papel crucial nos contextos organizacionais, permitindo às empresas aplicar políticas de segurança nos dispositivos utilizados pelos funcionários. As ferramentas MDM permitem a gestão da CA e a limpeza remota de dados em caso de perda, a gestão de aplicações e a garantia de que os dispositivos cumprem as normas de segurança. As campanhas contínuas de educação e sensibilização dos utilizadores são vitais para promover as melhores práticas de segurança móvel. Os utilizadores devem ser informados sobre potenciais ameaças, como ataques de phishing e malware, bem como sobre a importância de actualizações regulares do software e da utilização de palavras-passe fortes.

Encriptação de dados: Uma das medidas de segurança fundamentais é a encriptação de dados, que funciona como uma linha crítica de defesa contra o acesso não autorizado e as violações de dados. Ao encriptar os dados armazenados no dispositivo, bem como durante a transmissão, os utilizadores podem aumentar significativamente a segurança das suas informações sensíveis. As aplicações móveis utilizam frequentemente protocolos como o TLS (Transport Layer Security) para garantir que os dados transmitidos através de redes são encriptados, impedindo a escuta e a adulteração. Isto é particularmente importante quando se transmitem dados através de redes não fiáveis, como a Wi-Fi pública, onde o risco de interceção é elevado. Para além da encriptação em trânsito, a encriptação do armazenamento local é essencial para proteger informações sensíveis em repouso. Isto significa que, mesmo que um dispositivo seja perdido ou roubado, os dados encriptados permanecem inacessíveis sem as credenciais de autenticação adequadas. Os sistemas operativos móveis modernos vêm frequentemente equipados com funcionalidades de encriptação incorporadas que podem ser facilmente activadas pelos utilizadores, proporcionando uma camada adicional de segurança. Combinando estas técnicas de encriptação, os utilizadores de telemóveis podem proteger os seus dados contra uma variedade de ameaças, assegurando tanto a privacidade como a integridade. Em geral, a encriptação de dados eficaz é uma pedra angular da segurança móvel, proporcionando paz de espírito num mundo cada vez mais ligado.

Autenticação e autorização: Os mecanismos de autenticação eficazes são cruciais em ambientes móveis para verificar a identidade dos utilizadores e dispositivos, fornecendo uma barreira robusta contra o acesso não autorizado. Técnicas como a autenticação biométrica, incluindo a impressão digital e o reconhecimento facial, tiram partido de caraterísticas físicas únicas para garantir que apenas o utilizador legítimo pode desbloquear o dispositivo ou aceder a aplicações sensíveis. Estes métodos são práticos e altamente seguros, uma vez que são difíceis de replicar ou falsificar. A autenticação de dois factores (2FA) acrescenta outra camada de segurança ao exigir que os utilizadores forneçam duas formas de verificação antes de obterem acesso. Normalmente, isto envolve algo que o utilizador sabe (como uma palavra-passe) e algo que tem (como um token seguro ou um código enviado para o seu dispositivo móvel). Este duplo requisito reduz significativamente o risco de acesso não autorizado, mesmo que um fator, como uma palavra-passe, seja comprometido. Os tokens seguros, que podem ser baseados em hardware ou software, aumentam ainda mais a segurança, gerando códigos sensíveis ao tempo que os utilizadores devem introduzir juntamente com as suas credenciais de início de sessão normais. Estes tokens garantem que, mesmo que uma palavra-passe seja roubada, a parte não autorizada não pode aceder à conta sem o token. Ao integrar estes mecanismos de autenticação, os ambientes móveis podem proteger informações e aplicações sensíveis, garantindo que o acesso é concedido apenas a utilizadores autorizados. Esta abordagem abrangente à autenticação não só reforça a segurança, como também promove a confiança dos utilizadores nas tecnologias móveis.

Segurança das aplicações: As aplicações móveis devem ser concebidas tendo a segurança como principal consideração, incorporando práticas de codificação seguras para evitar vulnerabilidades comuns, tais como transbordos de memória intermédia, ataques de injeção e outras explorações. Os programadores têm de seguir as melhores práticas, como a validação de entradas, o tratamento adequado de erros e o armazenamento seguro de dados, para criar aplicações resistentes. Além disso, a utilização de técnicas como a ofuscação de código pode dificultar a engenharia inversa das aplicações por parte dos atacantes e a descoberta de potenciais pontos fracos. As actualizações regulares e a gestão de patches são componentes essenciais para manter a segurança das aplicações ao longo do tempo. À medida que surgem novas ameaças e vulnerabilidades, os programadores devem responder rapidamente, lançando actualizações que resolvam esses problemas. Os utilizadores devem ser encorajados a manter as suas aplicações e sistemas operativos actualizados para beneficiarem das mais recentes melhorias de segurança. Os mecanismos de atualização automatizados podem ajudar a garantir que os patches sejam aplicados rapidamente, minimizando a janela de oportunidade para os atacantes explorarem vulnerabilidades conhecidas. A implementação de protocolos de comunicação seguros, a realização de auditorias de segurança regulares e a utilização de ferramentas para análise de código estático e dinâmico podem ajudar a identificar e atenuar os riscos de segurança durante o processo de desenvolvimento. Ao dar prioridade à segurança desde o início e ao manter a vigilância através de actualizações contínuas, os programadores podem reduzir significativamente o risco de violações de segurança e proteger eficazmente as informações sensíveis dos utilizadores.

Segurança de rede: Uma vez que os dispositivos móveis se ligam frequentemente a redes Wi-Fi públicas, são particularmente vulneráveis a ataques man-in-the-middle (MitM) e a escutas, em que os atacantes interceptam e alteram potencialmente as comunicações entre o dispositivo e o destino pretendido. Para atenuar estes riscos, a utilização de redes privadas virtuais (VPN) pode proporcionar uma camada adicional de segurança. As VPNs encriptam os dados transmitidos através de redes potencialmente inseguras, tornando significativamente mais difícil para os atacantes intercetar ou adulterar a informação. Ao criar um túnel seguro para a transmissão de dados, as VPNs garantem que, mesmo que um agente malicioso intercepte a comunicação, os dados permanecem ilegíveis sem as chaves de desencriptação adequadas. Esta encriptação ajuda a proteger informações sensíveis, como credenciais de início de sessão, transacções financeiras e comunicações pessoais, de serem comprometidas. A utilização de VPNs também pode mascarar o endereço IP do utilizador, adicionando outra camada de anonimato e proteção contra o rastreio e a definição de perfis por partes não autorizadas. Para os utilizadores que viajam frequentemente ou trabalham remotamente, as VPNs proporcionam paz de espírito, garantindo que os seus dados permanecem seguros, independentemente da rede a que se ligam. A utilização de VPNs, juntamente com outras medidas de segurança, como práticas de codificação seguras e mecanismos de autenticação robustos, cria uma estrutura de segurança abrangente para dispositivos móveis, protegendo-os contra uma vasta gama de potenciais ameaças. Esta abordagem holística é essencial para manter a integridade e a confidencialidade dos dados no cenário em constante evolução da computação móvel.

2.2.2 Tolerância a falhas na computação móvel:

A tolerância a falhas na computação móvel refere-se à capacidade do sistema para continuar a funcionar corretamente em caso de falha de alguns dos seus componentes. Dados os desafios únicos colocados pelos ambientes móveis, como a duração limitada da bateria, a conetividade intermitente da rede e as diferentes capacidades do hardware, a conceção de sistemas robustos tolerantes a falhas é essencial para garantir um desempenho fiável e consistente. Os mecanismos de tolerância a falhas são cruciais para manter a disponibilidade do serviço, a integridade dos dados e a satisfação geral do utilizador.

Redundância e replicação: Uma das estratégias fundamentais para obter tolerância a falhas na computação móvel é a redundância. Ao manter várias instâncias de componentes críticos, o sistema pode mudar sem problemas para uma cópia de segurança se o componente principal falhar, garantindo um funcionamento contínuo sem tempo de inatividade significativo. A replicação de dados desempenha um papel crucial nesta estratégia, duplicando os dados em vários locais de armazenamento. Isto garante que, se uma cópia se perder, for corrompida ou se tornar inacessível, está disponível outra cópia intacta, preservando assim a integridade e a disponibilidade dos dados. Esta abordagem é particularmente vital para os dispositivos móveis, que são inerentemente mais susceptíveis a falhas de hardware e corrupção de dados devido à sua natureza portátil e exposição a várias condições ambientais. Por exemplo, um smartphone pode perder uma ligação à rede, ficar sem energia ou sofrer danos físicos, mas a redundância e a replicação de dados podem ajudar a atenuar o impacto de tais problemas. Ao utilizar estas técnicas, os sistemas móveis podem proporcionar uma experiência de utilizador robusta, mantendo a fiabilidade e a confiança mesmo perante falhas inesperadas.

Checkpointing e Rollback: Checkpointing é uma técnica em que o sistema salva periodicamente seu estado, criando instantâneos de sua condição operacional atual em intervalos regulares. No caso de uma falha, o sistema pode reverter para o ponto de controlo mais recente, minimizando a perda de dados e o tempo de inatividade ao retomar as operações a partir do estado guardado em vez de começar do zero. Este método é especialmente útil na computação móvel, em que os dispositivos entram e saem frequentemente da cobertura da rede, causando potenciais interrupções e falhas inesperadas. Os mecanismos de reversão complementam os pontos de controlo, permitindo que o sistema desfaça operações recentes que possam ter causado a falha, restaurando assim um estado estável e garantindo a integridade dos dados. Por exemplo, se uma aplicação móvel falhar ou perder a conetividade durante o processamento de uma transação, o mecanismo de reversão pode anular operações incompletas para evitar inconsistências. Combinando o checkpointing com as capacidades de reversão, os sistemas móveis aumentam a sua resiliência contra falhas transitórias e problemas de conetividade, proporcionando uma experiência de utilizador mais suave e fiável, mesmo perante condições de rede flutuantes e instabilidade do hardware. Esta abordagem é crucial para manter a continuidade do serviço e a confiança do utilizador em ambientes móveis.

Algoritmos adaptativos: Os ambientes de computação móvel são inerentemente dinâmicos, caracterizados por condições de rede variáveis, níveis de bateria flutuantes e capacidades de hardware diversas. Os algoritmos adaptativos que podem ajustar o seu comportamento com base no contexto atual desempenham um papel crucial na tolerância a falhas. Por exemplo, uma aplicação pode reduzir a sua utilização de recursos ou mudar para um modo de poupança de energia quando o nível da bateria é baixo, garantindo o funcionamento prolongado do dispositivo. Do mesmo modo, estes algoritmos podem mudar para um modo de transmissão de dados de menor qualidade ou comprimir dados quando o sinal de rede é fraco, reduzindo a probabilidade de erros de transmissão e mantendo a conetividade. Ao monitorizarem e responderem continuamente às mudanças no ambiente, os algoritmos adaptativos ajudam a manter a funcionalidade do sistema e a evitar falhas. Esta adaptabilidade em tempo real é essencial para proporcionar uma experiência de utilizador sem falhas, uma vez que garante que as aplicações permanecem operacionais e reactivas em condições variáveis. Além disso, estes algoritmos podem dar prioridade a tarefas críticas e gerir a atribuição de recursos de forma mais eficiente, melhorando o desempenho geral do sistema e a fiabilidade no panorama em constante mudança da computação móvel.

Sistemas distribuídos e computação periférica: Na computação móvel, o recurso a sistemas distribuídos e à computação periférica pode aumentar significativamente a tolerância a falhas. Os sistemas distribuídos distribuem a carga computacional por vários dispositivos ou nós, reduzindo o impacto de qualquer ponto único de falha. Esta descentralização garante que, se um nó sofrer uma falha, outros podem assumir as suas tarefas, mantendo assim a funcionalidade geral do sistema. A computação periférica reforça ainda mais a tolerância a falhas, aproximando o processamento de dados da fonte de dados, como os dispositivos móveis. Esta proximidade reduz a latência e minimiza a dependência de serviços de nuvem centralizados, permitindo tempos de resposta mais rápidos e uma utilização mais eficiente dos recursos. Se um servidor central falhar, os dispositivos periféricos podem continuar a funcionar de forma independente, mantendo a disponibilidade do serviço e assegurando que as aplicações críticas permanecem funcionais. Esta abordagem é particularmente benéfica em cenários em que o processamento de dados em tempo real e a baixa latência são cruciais, como em aplicações IoT, veículos autónomos e sistemas de monitorização de cuidados de saúde. Ao combinar sistemas distribuídos e computação periférica, os ambientes móveis podem alcançar uma maior resiliência, robustez e fiabilidade, mesmo face a interrupções na rede e falhas no servidor.

Deteção e correção de erros: A implementação de mecanismos robustos de deteção e correção de erros é essencial para a tolerância a falhas na computação móvel. Técnicas como verificações de paridade, somas de verificação e códigos de correção de erros (ECC) mais avançados são cruciais para detetar e corrigir a corrupção de dados durante o armazenamento ou a transmissão. As verificações de paridade podem identificar rapidamente erros em blocos de dados, enquanto as somas de controlo fornecem uma forma simples mas eficaz de verificar a integridade dos dados. A CCE avançada, como os códigos Reed-Solomon e Hamming, não só detecta como também corrige erros, garantindo que os dados corrompidos possam ser restaurados ao seu estado original. Estes métodos são particularmente importantes em ambientes de computação móvel, onde os dispositivos estão frequentemente sujeitos a canais de comunicação ruidosos, conetividade de rede intermitente e meios de armazenamento pouco fiáveis. Ao incorporar estas técnicas de deteção e correção de erros, os sistemas móveis podem manter a integridade e a fiabilidade dos dados, mesmo em condições adversas. Esta abordagem garante que os utilizadores podem confiar na exatidão e consistência dos seus dados, melhorando a robustez e resiliência globais das aplicações e serviços móveis.

Sistemas de auto-recuperação: Os sistemas de auto-recuperação são concebidos para detetar e recuperar automaticamente de falhas, aumentando significativamente a tolerância a falhas em ambientes de computação móvel. Estes sistemas podem reiniciar aplicações com falhas, restabelecer ligações de rede interrompidas e reafectar recursos de componentes com falhas para componentes saudáveis sem a intervenção do utilizador. Por exemplo, se uma aplicação falhar, um sistema de auto-cura pode relançá-la automaticamente, restaurando o seu estado a partir do último ponto de controlo para garantir a continuidade. Da mesma forma, se uma ligação de rede cair, o sistema pode tentar restabelecer a ligação ou mudar para uma rede alternativa para manter uma conetividade perfeita. Ao automatizar o processo de recuperação, os sistemas de auto-cura minimizam o tempo de inatividade e reduzem a necessidade de resolução manual de problemas, melhorando assim a fiabilidade geral e a experiência do utilizador. Esta capacidade é particularmente crucial na computação móvel, em que os dispositivos estão frequentemente em movimento e a funcionar em ambientes imprevisíveis. Os processos de recuperação automatizados garantem que as aplicações e serviços críticos permanecem operacionais, mesmo perante falhas ou interrupções transitórias, proporcionando uma experiência de computação resistente e robusta aos utilizadores.

Balanceamento de carga: O balanceamento de carga eficaz é fundamental para a tolerância a falhas em ambientes com vários dispositivos ou serviços móveis. Ao distribuir a carga de trabalho uniformemente pelos recursos disponíveis, o balanceamento de carga evita que um único componente se torne um gargalo ou falhe devido à sobrecarga. Isto é particularmente importante na computação móvel, onde os dispositivos têm frequentemente capacidades de processamento e duração de bateria variáveis. Os algoritmos de balanceamento de carga dinâmico podem se ajustar em tempo real, respondendo às flutuações na disponibilidade e demanda de recursos. Por exemplo, durante os horários de pico de uso, esses algoritmos podem redistribuir tarefas para dispositivos subutilizados, garantindo que nenhum nó único seja sobrecarregado. Além disso, o balanceamento de carga melhora a capacidade de resposta e o desempenho do sistema, pois as tarefas são executadas de forma mais eficiente em toda a rede. Ao manter uma distribuição óptima da carga de trabalho, os ambientes de computação móvel podem alcançar uma maior fiabilidade, uma vez que o risco de falha de componentes é atenuado.

2.3 Processamento de transacções em ambiente de computação móvel:

No cenário em rápida evolução da computação móvel, o processamento de transacções tornou-se um componente essencial, facilitando a gestão segura e eficiente de dados em várias aplicações. Os dispositivos móveis, incluindo smartphones e tablets, estão agora equipados com a capacidade de realizar transacções em tempo real, permitindo aos utilizadores participar em actividades como a banca em linha, o comércio eletrónico e os pagamentos móveis. A importância do processamento de transacções reside não só na sua conveniência, mas também na sua capacidade de lidar com as complexidades dos ambientes móveis, onde prevalecem factores como a largura de banda limitada, a conetividade intermitente e as diferentes ameaças à segurança. O processamento de transacções na computação móvel envolve uma série de operações que garantem a integridade, a consistência e a durabilidade dos dados, apesar da natureza dinâmica dos ambientes móveis. Os princípios fundamentais do processamento de transacções, encapsulados nas propriedades ACID (Atomicidade, Consistência, Isolamento, Durabilidade), orientam a conceção de sistemas que podem gerir eficazmente as transacções em condições difíceis. A atomicidade garante que as transacções são concluídas na íntegra ou não o são de todo, enquanto a consistência garante que o sistema se mantém num estado válido. O isolamento preserva a integridade das transacções, assegurando que funcionam de forma independente, e a durabilidade garante que, uma vez confirmada uma transação, esta se mantém, mesmo em caso de falhas. Um dos principais desafios no processamento de transacções móveis é garantir uma comunicação fiável, especialmente em ambientes caracterizados por condições de rede flutuantes. Os dispositivos móveis têm frequentemente conetividade intermitente, o que pode levar a falhas nas transacções se não forem geridas adequadamente. Para resolver este problema, os sistemas de processamento de transacções móveis devem incorporar mecanismos robustos de deteção e correção de erros, bem como estratégias para lidar com as interrupções da rede. Técnicas como o registo de transacções, em que as alterações são registadas antes de serem autorizadas, permitem a recuperação em caso de falhas, aumentando assim a resiliência das transacções móveis. A segurança é uma preocupação fundamental no processamento de transacções móveis. A natureza sensível dos dados envolvidos, como as informações pessoais e os pormenores financeiros, exige medidas de segurança rigorosas para proteger contra o acesso não autorizado e as ciberameaças. A encriptação desempenha um papel vital na segurança dos dados de transação, tanto em trânsito como em repouso, enquanto os mecanismos de autenticação, como a biometria e a autenticação de dois factores, garantem que apenas os utilizadores autorizados podem iniciar transacções. Além disso, a implementação de gateways de pagamento seguros e a utilização de tokenização podem reduzir ainda mais os riscos associados aos pagamentos móveis, reforçando a confiança dos utilizadores nos sistemas de transacções móveis. A experiência do utilizador no processamento de transacções móveis é também um fator crítico a considerar. Com a crescente procura de serviços instantâneos, os utilizadores esperam experiências de transação rápidas e sem falhas. A otimização da interface do utilizador e a utilização de um processamento backend eficiente são essenciais para minimizar a latência e melhorar a capacidade de resposta. Técnicas como a colocação em cache de dados frequentemente acedidos e a otimização de consultas à base de dados podem melhorar significativamente os tempos de processamento das transacções, elevando assim a experiência global do utilizador. À medida que as tecnologias móveis continuam a avançar, espera-se que o panorama do processamento de transacções evolua ainda mais. Inovações como a tecnologia blockchain estão a começar a desempenhar um papel nas transacções móveis, oferecendo maior segurança e transparência. A natureza descentralizada da cadeia de blocos pode reduzir os riscos de fraude e de manipulação de dados, proporcionando um quadro robusto para a realização de transacções num contexto móvel. Além disso, a integração da inteligência artificial e da aprendizagem automática pode facilitar a monitorização das transacções em tempo real, permitindo a deteção de anomalias e actividades fraudulentas, reforçando assim as medidas de segurança.

2.3.1 Aspectos fundamentais do processamento de transacções na computação móvel:

Importância do processamento de transacções na computação móvel: O processamento de transacções é fundamental na computação móvel devido ao aumento das aplicações móveis que requerem um tratamento de dados seguro e eficiente. Com os smartphones e tablets cada vez mais utilizados para operações bancárias, compras e outras transacções sensíveis, a capacidade de processar estas transacções de forma fiável é fundamental. Os utilizadores esperam interações perfeitas, o que significa que os sistemas móveis devem garantir rapidez e precisão. A necessidade de processamento em tempo real realça ainda mais a importância de uma estrutura de transação robusta. Os dispositivos móveis estão frequentemente sujeitos a condições de rede variáveis, o que torna a necessidade de um processamento de transacções fiável ainda mais acentuada. À medida que as empresas mudam para estratégias mobile-first, a procura de sistemas de transação eficientes continua a crescer, sublinhando o seu papel central no ecossistema móvel. Assim, a importância do processamento de transacções não pode ser exagerada, uma vez que constitui a espinha dorsal de muitas aplicações e serviços móveis.

Princípios fundamentais: Propriedades ACID: As propriedades ACID - atomicidade, consistência, isolamento e durabilidade - são princípios fundamentais que orientam o processamento de transacções na computação móvel. A atomicidade garante que uma transação seja totalmente concluída ou não seja executada, impedindo actualizações parciais que possam levar à inconsistência dos dados. A consistência garante que uma transação transforma o sistema de um estado válido para outro, mantendo a integridade durante todo o processo. O isolamento é crucial em ambientes móveis, onde podem ocorrer várias transacções em simultâneo; garante que as transacções não interferem umas com as outras, preservando a sua integridade individual. Por último, a durabilidade garante que, uma vez confirmada uma transação, esta se mantém, mesmo em caso de falha do sistema. Em conjunto, estas propriedades proporcionam um quadro robusto que aumenta a fiabilidade e a integridade dos sistemas de transacções móveis.

Desafios da conetividade intermitente: Um dos desafios mais significativos enfrentados no processamento de transacções móveis é a conetividade intermitente. Os dispositivos móveis operam frequentemente em ambientes com disponibilidade de rede flutuante, o que pode levar a falhas nas transacções se não for adequadamente resolvido. Estratégias como a colocação de transacções em fila de espera e novas tentativas podem ser utilizadas para gerir estas interrupções. A implementação de mecanismos locais de armazenamento em cache permite que as transacções sejam processadas offline, sendo as alterações sincronizadas assim que a conetividade for restabelecida. Além disso, mecanismos robustos de tratamento de erros e de registo são essenciais para acompanhar o estado das transacções, permitindo a recuperação em caso de falhas. Ao incorporar estas estratégias, os sistemas de transacções móveis podem atenuar os riscos associados a problemas de conetividade e melhorar a experiência do utilizador.

Medidas de segurança nas transacções móveis: A segurança é uma preocupação fundamental no processamento de transacções móveis, especialmente dada a natureza sensível dos dados financeiros. A implementação de protocolos de encriptação fortes, como o TLS (Transport Layer Security), é essencial para proteger os dados em trânsito. Os dados em repouso também devem ser encriptados para proteger as informações armazenadas nos dispositivos. Os mecanismos de autenticação desempenham um papel fundamental para garantir que apenas os utilizadores autorizados podem iniciar transacções; as opções incluem a autenticação biométrica, como impressões digitais ou reconhecimento facial, e a autenticação de dois factores. Além disso, o emprego de gateways de pagamento seguros e a tokenização podem aumentar ainda mais a segurança, reduzindo a probabilidade de fraude. Ao dar prioridade às medidas de segurança, as organizações podem criar confiança nos utilizadores e garantir um processamento seguro das transacções.

Otimização da experiência do utilizador: A otimização da experiência do utilizador é crucial para o processamento de transacções móveis, uma vez que os utilizadores esperam interações rápidas e sem falhas. As estratégias para melhorar a experiência do utilizador incluem a minimização da latência das transacções e a simplificação das interfaces do utilizador. O armazenamento em cache dos dados acedidos com frequência pode reduzir significativamente os tempos de carregamento, enquanto a simplificação do processamento de back-end garante uma recuperação e apresentação eficientes dos dados. Além disso, fornecer feedback claro durante as transacções ajuda a tranquilizar os utilizadores e a aumentar a sua satisfação. A compreensão dos comportamentos dos utilizadores através da análise pode servir de base a melhorias na conceção e na funcionalidade, conduzindo, em última análise, a uma experiência mais cativante. Ao centrarem-se na experiência do utilizador, as empresas podem promover a lealdade e incentivar a utilização contínua de aplicações de transacções móveis.

Tendências e inovações futuras: À medida que a tecnologia móvel avança, é provável que o processamento de transacções evolua significativamente. Inovações como a tecnologia blockchain estão a começar a influenciar as transacções móveis, proporcionando maior segurança e transparência. A natureza descentralizada da cadeia de blocos pode reduzir os riscos de fraude e de manipulação de dados, oferecendo um quadro mais seguro para a realização de transacções. Além disso, a integração da inteligência artificial (IA) e da aprendizagem automática pode facilitar a monitorização das transacções em tempo real, permitindo a deteção de anomalias e actividades fraudulentas. Estas tecnologias têm o potencial de revolucionar o processamento de transacções, tornando-o mais seguro, eficiente e fácil de utilizar. À medida que estas tendências continuam a desenvolver-se, o panorama do processamento de transacções móveis irá transformar-se, criando novas oportunidades tanto para as empresas como para os utilizadores.

CAPÍTULO 3: Redes Ad Hoc: Desafios e Protocolos em Ambientes Dinâmicos

3.1 Redes Ad Hoc:

As redes ad hoc são redes sem fios descentralizadas que permitem que os dispositivos se liguem e comuniquem diretamente sem dependerem de uma infraestrutura pré-existente ou de uma gestão centralizada. Este tipo de rede é particularmente vantajoso em cenários em que as configurações de rede tradicionais são impraticáveis ou impossíveis, como em situações de emergência, operações militares ou reuniões temporárias, como conferências. A principal caraterística das redes ad hoc é a sua capacidade de se auto-organizarem e formarem dinamicamente uma rede em tempo real, o que permite uma comunicação sem descontinuidades entre dispositivos, mesmo na ausência de uma infraestrutura fixa. Uma das caraterísticas que definem as redes ad hoc é a sua capacidade de se adaptarem a alterações no ambiente e na topologia da rede. Os dispositivos, também conhecidos como nós, podem entrar ou sair da rede em qualquer altura, levando a rede a reorganizar-se em conformidade. Esta natureza dinâmica é facilitada por vários protocolos de encaminhamento concebidos especificamente para ambientes ad hoc. Estes protocolos devem ser eficientes em termos de largura de banda e de utilização de energia, tendo em conta as limitações dos dispositivos móveis. Ao contrário das redes tradicionais, em que são estabelecidos caminhos fixos, as redes ad hoc baseiam-se no encaminhamento em tempo real, permitindo que os dados sejam enviados através de múltiplos saltos, conforme necessário. No entanto, a natureza dinâmica das redes ad hoc apresenta vários desafios. Um desafio significativo é manter um encaminhamento estável e eficiente. Uma vez que os nós podem entrar ou sair frequentemente da rede, os protocolos de encaminhamento têm de se adaptar rapidamente às condições variáveis, minimizando a latência e maximizando o débito. Além disso, como os dispositivos móveis funcionam frequentemente com uma bateria limitada, a eficiência energética torna-se uma consideração crítica na conceção dos protocolos de encaminhamento. Técnicas como a minimização do número de retransmissões e a otimização da seleção de rotas com base nos níveis de energia actuais são essenciais para prolongar a vida operacional dos dispositivos na rede. A segurança é outra preocupação premente nas redes ad hoc. A ausência de uma autoridade centralizada significa que as medidas de segurança devem ser incorporadas nos próprios protocolos. Vulnerabilidades como escutas, falsificação e ataques de negação de serviço podem representar riscos significativos. Assim, são essenciais mecanismos de segurança robustos para proteger os dados que estão a ser transmitidos e garantir a integridade da rede. Isto inclui a encriptação dos pacotes de dados, a autenticação dos nós e estratégias para detetar e mitigar actividades maliciosas. A localização é um aspeto importante das redes ad hoc, especialmente em aplicações em que o posicionamento geográfico é crucial. Os dispositivos precisam frequentemente de determinar a sua localização para facilitar a comunicação ou a navegação. Podem ser utilizadas várias técnicas de localização, como os sistemas baseados no GPS, que dependem de sinais de satélite, ou métodos ponto a ponto, em que os nós determinam as suas posições com base nas localizações dos nós vizinhos. Estas técnicas permitem uma série de aplicações, desde a otimização do encaminhamento até aos serviços baseados na localização, melhorando a utilidade global das redes ad hoc. A qualidade do serviço (QoS) nas redes ad hoc é também uma consideração vital. Aplicações como a videoconferência, os jogos em linha e a transmissão de dados em tempo real exigem um certo nível de desempenho para funcionarem eficazmente. Os mecanismos de QoS ajudam a dar prioridade ao tráfego, a gerir a largura de banda e a minimizar a latência, garantindo que as aplicações críticas recebem os recursos necessários. No entanto, a implementação da QoS em redes ad hoc pode ser complexa devido à natureza imprevisível do meio sem fios e à topologia dinâmica da rede.

3.2 Localização em computação móvel:

A localização refere-se ao processo de determinação da posição geográfica de um dispositivo móvel num determinado ambiente. Desempenha um papel crucial em várias aplicações, desde sistemas de navegação a serviços baseados na localização, melhorando significativamente a experiência do utilizador e a funcionalidade da computação móvel. A capacidade de identificar a localização de um dispositivo permite que os utilizadores recebam conteúdos e serviços personalizados, conduzindo a interações mais eficientes com a tecnologia. Na navegação, por exemplo, a localização exacta permite a orientação de rotas em tempo real, ajudando os utilizadores a chegar aos seus destinos com o mínimo de atrasos. Serviços como o Google Maps e o Waze dependem fortemente do GPS e de outras técnicas de localização para fornecer aos utilizadores actualizações de trânsito, percursos alternativos e tempos de chegada previstos. Além disso, os serviços baseados na localização transformaram sectores como o do retalho, onde as empresas podem enviar promoções direcionadas aos utilizadores com base na sua proximidade das lojas, impulsionando eficazmente o tráfego pedonal e melhorando o envolvimento dos clientes. A localização também desempenha um papel fundamental nos serviços de emergência, onde saber a localização exacta de um indivíduo em perigo pode salvar vidas. As equipas de emergência podem receber dados de localização precisos, o que lhes permite enviar assistência de forma mais eficaz e reduzir os tempos de resposta. Esta capacidade é crucial, particularmente em ambientes urbanos, onde o acesso rápido a pessoas em necessidade pode fazer uma diferença significativa. Além disso, o crescimento da Internet das Coisas (IoT) aumentou a procura de tecnologias de localização. Os dispositivos domésticos inteligentes, a tecnologia wearable e os veículos conectados utilizam a localização para fornecer aos utilizadores informações mais contextualizadas e relevantes. Por exemplo, os rastreadores de fitness podem monitorizar os movimentos de um indivíduo e fornecer informações com base na sua localização, melhorando as aplicações de saúde e bem-estar. No entanto, a localização também apresenta vários desafios. Os factores ambientais, como as paisagens urbanas e as obstruções naturais, podem interferir com a receção do sinal, conduzindo a imprecisões. Além disso, as preocupações com a privacidade são fundamentais, uma vez que os utilizadores podem hesitar em partilhar os seus dados de localização sem garantias claras de como serão utilizados e protegidos. Para responder a estas preocupações, são necessárias políticas de privacidade sólidas e práticas transparentes de tratamento dos dados.

3.2.1 Importância da localização:

A localização é um componente essencial no domínio da computação móvel, servindo de espinha dorsal a várias aplicações que melhoram a experiência do utilizador e a eficiência operacional. A importância da localização estende-se a vários sectores, desde a navegação e a resposta a emergências até ao marketing e à Internet das Coisas (IoT), o que a torna uma área essencial na tecnologia moderna. No centro da localização está a sua capacidade de fornecer um posicionamento geográfico exato, o que é crucial para os sistemas de navegação. Estes sistemas permitem aos utilizadores receber direcções em tempo real, actualizações de tráfego e optimizações de rotas, alterando fundamentalmente a forma como as pessoas viajam. Quer se trate de um condutor que procura o percurso mais rápido numa cidade movimentada ou de um peão que navega em ruas desconhecidas, a localização precisa aumenta a segurança e a comodidade. Além disso, esta capacidade permite o encaminhamento adaptativo, em que as aplicações de navegação podem ajustar-se em tempo real às condições de tráfego em mudança, melhorando assim a eficiência da viagem e reduzindo a frustração. Em situações de emergência, a importância da localização não pode ser exagerada. Os socorristas dependem fortemente de dados de localização exactos para chegar rapidamente às pessoas em perigo. Com a localização, os serviços de emergência podem minimizar os tempos de resposta, potencialmente salvando vidas ao garantir que a ajuda chega de forma rápida e eficiente. Em cenários como emergências médicas, catástrofes naturais ou incidentes criminais, a capacidade de identificar com precisão a localização de uma pessoa proporciona uma vantagem significativa, permitindo uma coordenação eficaz e a atribuição de recursos entre as equipas de emergência. De uma perspetiva comercial, a localização desempenha um papel crucial no marketing direcionado e no envolvimento do cliente. As empresas aproveitam os dados de localização para enviar ofertas e promoções personalizadas, aumentando significativamente a probabilidade de interação com o cliente e de vendas. Esta abordagem de marketing localizado não só melhora a experiência do utilizador, fornecendo informações relevantes, como também impulsiona o tráfego pedonal para as lojas físicas. Por exemplo, um restaurante pode oferecer um desconto especial aos utilizadores que se encontrem num determinado raio de ação, incentivando visitas espontâneas. Esta estratégia direcionada é mais eficaz do que o marketing genérico, uma vez que vai diretamente ao encontro das necessidades e preferências imediatas dos consumidores. No contexto da IoT, a localização permite um novo nível de funcionalidade consciente do contexto. Os dispositivos inteligentes, equipados com capacidades de localização, podem adaptar as suas acções com base na posição geográfica do utilizador. Por exemplo, um termóstato inteligente pode ajustar a temperatura quando detecta que um utilizador se aproxima de casa, ou um sistema de segurança pode alertar os proprietários de potenciais ameaças quando estes estão ausentes. Esta adaptabilidade dinâmica não só aumenta o conforto do utilizador, como também promove a eficiência energética e a segurança, sublinhando os benefícios práticos da localização na vida quotidiana. A localização também facilita a análise de dados, fornecendo informações sobre o comportamento e os padrões dos utilizadores. Ao analisar os dados de localização, as empresas podem obter informações valiosas sobre os hábitos, preferências e tendências dos consumidores. Estes dados podem informar a tomada de decisões estratégicas, desde a gestão de inventário às estratégias de marketing, permitindo às organizações otimizar as suas operações com base em padrões de utilização reais. Por exemplo, os retalhistas podem analisar os dados de tráfego pedonal para determinar as horas de maior afluência às compras, o que lhes permite contratar pessoal em conformidade ou ajustar as actividades promocionais. No entanto, as vantagens da localização são acompanhadas de desafios, particularmente nas áreas da privacidade e da segurança. À medida que os utilizadores se tornam cada vez mais conscientes da forma como os seus dados de localização estão a ser utilizados, aumentam as preocupações com o acesso não autorizado e a utilização indevida da informação. Para enfrentar estes desafios, é essencial que as empresas e os programadores implementem medidas de segurança sólidas e práticas transparentes de tratamento de dados. Os utilizadores devem sentir-se confiantes de que as suas informações de localização estão protegidas e são utilizadas de forma ética, promovendo a confiança entre consumidores e fornecedores de serviços. A localização tornou-se cada vez mais vital na nossa vida quotidiana, especialmente com o aumento dos smartphones e dos dispositivos IoT. Permite serviços como a navegação GPS, aplicações de realidade aumentada e publicidade baseada na localização, que requerem informações de localização precisas para funcionarem eficazmente. À medida que as empresas aproveitam os dados de localização para serviços personalizados, as tecnologias de localização transformaram vários sectores, incluindo o retalho, os cuidados de saúde e os transportes.

3.2.2 Técnicas de localização:

As técnicas de localização desempenham um papel vital na determinação exacta da posição geográfica dos dispositivos móveis em vários ambientes. Estas técnicas vão desde os sistemas GPS tradicionais até aos métodos avançados de fusão de sensores, cada um com os seus próprios pontos fortes e limitações. O Sistema de Posicionamento Global (GPS) é uma das técnicas de localização mais utilizadas, tirando partido de uma constelação de satélites para fornecer dados de localização precisos. O GPS é particularmente eficaz em espaços exteriores abertos, onde é possível manter uma linha de visão clara para os satélites. No entanto, os sinais de GPS podem ser fracos ou pouco fiáveis em desfiladeiros urbanos, florestas densas ou ambientes interiores, o que obriga à exploração de métodos alternativos. Outra técnica comum é a localização baseada em Wi-Fi, que utiliza a intensidade do sinal de pontos de acesso Wi-Fi próximos para triangular a posição de um dispositivo. Esta abordagem é especialmente útil em ambientes urbanos, onde a infraestrutura Wi-Fi é predominante. Ao medir a intensidade do sinal recebido de vários pontos de acesso, os dispositivos podem calcular a sua posição relativa com uma precisão razoável, tornando-a uma escolha popular para aplicações de localização em espaços interiores. Os beacons Bluetooth Low Energy (BLE) também ganharam força como um método de localização eficaz, especialmente em ambientes de retalho e eventos. Os beacons BLE transmitem sinais que podem ser detectados por dispositivos próximos, permitindo a localização baseada na proximidade. Esta técnica facilita aplicações como o marketing personalizado e a navegação interior em centros comerciais ou grandes espaços, melhorando o envolvimento e a conveniência do utilizador. Além disso, a localização baseada na rede celular utiliza a intensidade do sinal das torres de celular para estimar a localização de um dispositivo, tornando-a uma opção viável em áreas urbanas com cobertura celular densa. Embora este método possa não atingir a precisão da localização por GPS ou Wi-Fi, oferece um recurso útil quando outros métodos não estão disponíveis. Para além destas técnicas, são utilizados métodos avançados como as unidades de medição inercial (IMU) para melhorar a precisão da localização. As IMUs, que consistem em acelerómetros e giroscópios, podem seguir as alterações de movimento e orientação, permitindo o cálculo morto - uma técnica que estima a posição com base em localizações e padrões de movimento conhecidos anteriormente. Ao integrar os dados da IMU com sinais GPS ou Wi-Fi, os dispositivos podem obter uma localização mais precisa e robusta, especialmente em ambientes difíceis. A fusão de sensores é outra técnica que está a ganhar destaque, combinando dados de vários sensores, incluindo GPS, Wi-Fi, IMUs e até sensores ambientais. Este método aproveita os pontos fortes de cada sensor, compensando simultaneamente as suas fraquezas individuais, o que resulta numa maior precisão e fiabilidade. Os algoritmos de aprendizagem automática estão a ser cada vez mais utilizados nos sistemas de localização para analisar padrões e melhorar as previsões com base em dados históricos. Estes algoritmos podem aprender com os comportamentos dos utilizadores e as condições ambientais, permitindo uma localização adaptativa que evolui ao longo do tempo. Por último, as técnicas de localização por crowdsourcing tiram partido dos dados colectivos de vários utilizadores para melhorar a precisão do posicionamento. Ao agregar dados de localização de muitos dispositivos, os sistemas podem criar mapas mais fiáveis e melhorar os algoritmos de localização, especialmente em áreas onde os métodos tradicionais têm dificuldades. Em conclusão, o campo da localização está a evoluir rapidamente, impulsionado pelos avanços tecnológicos e por uma procura crescente de dados de localização precisos. Ao tirar partido de uma combinação de técnicas tradicionais e inovadoras, os dispositivos móveis podem obter uma localização exacta em diversos ambientes, melhorando aplicações que vão desde a navegação à realidade aumentada. À medida que a investigação prossegue, a integração de vários métodos de localização, juntamente com a aplicação da aprendizagem automática e do crowdsourcing, abrirá caminho a soluções de localização ainda mais sofisticadas, enriquecendo ainda mais a experiência do utilizador na computação móvel.

Podem ser utilizadas várias técnicas para a localização, cada uma com vantagens e limitações distintas:

1. **GPS (Sistema de Posicionamento Global)**: O GPS é uma das técnicas de localização mais utilizadas, fornecendo dados de posição exactos através de sinais de satélite. Embora o GPS seja eficaz em exteriores e possa atingir uma precisão de alguns metros, o seu desempenho diminui em desfiladeiros urbanos e ambientes interiores devido ao bloqueio do sinal.

2. **Localização celular**: Este método utiliza informações de torres de telemóveis para estimar a localização de um dispositivo. Embora não seja tão precisa como o GPS, a localização celular pode ser benéfica em ambientes urbanos onde os sinais de GPS podem ser fracos ou não estar disponíveis.

3. **Posicionamento Wi-Fi**: A localização Wi-Fi envolve a utilização da intensidade do sinal de pontos de acesso Wi-Fi próximos para triangular a posição de um dispositivo. Esta técnica pode proporcionar uma melhor precisão em ambientes interiores em comparação com o GPS e é normalmente utilizada em aplicações comerciais.

4. **Beacons Bluetooth**: Os beacons Bluetooth Low Energy (BLE) podem transmitir sinais para dispositivos próximos, permitindo uma localização interior precisa. Este método é especialmente útil em ambientes de retalho para marketing de proximidade e envolvimento do cliente.

5. **Sistemas de Navegação Inercial (INS)**: Ao utilizar sensores como acelerómetros e giroscópios, os INS podem seguir o movimento de um dispositivo para estimar a sua posição ao longo do tempo. Esta técnica é valiosa em ambientes onde os sinais GPS não estão acessíveis.

3.2.3. Desafios da localização:

A localização, embora essencial para melhorar a experiência do utilizador na computação móvel, apresenta vários desafios que podem afetar a sua eficácia e precisão. Um dos principais desafios é a obstrução do sinal, que afecta significativamente o desempenho do GPS, Wi-Fi e outras tecnologias de determinação da localização. Os ambientes urbanos, caracterizados por edifícios altos e infra-estruturas densas, podem criar "desfiladeiros urbanos" que bloqueiam os sinais de satélite e interferem com as comunicações sem fios. Esta obstrução pode levar a estimativas de posição imprecisas e a uma degradação do desempenho, especialmente em áreas densamente povoadas, onde os utilizadores dependem muito da navegação e dos serviços baseados na localização. A localização em interiores agrava ainda mais este problema, uma vez que os sinais GPS não penetram bem nos edifícios. Consequentemente, têm de ser utilizados métodos de localização alternativos, como Wi-Fi ou Bluetooth, mas estes métodos podem ser susceptíveis de interferência de barreiras físicas, como paredes e mobiliário, o que conduz a potenciais imprecisões. Outro desafio significativo é a variabilidade das condições ambientais, que pode afetar a fiabilidade das técnicas de localização. Por exemplo, a alteração das condições climatéricas, como a chuva ou a neve, pode afetar a qualidade do sinal GPS, enquanto os ambientes com muita gente podem levar a flutuações na intensidade do sinal Wi-Fi. Estes factores ambientais podem introduzir inconsistências nos dados de localização, dificultando a manutenção de um posicionamento preciso ao longo do tempo. Além disso, a precisão dos sistemas de localização depende frequentemente da disponibilidade e da densidade dos pontos de referência, como pontos de acesso Wi-Fi ou satélites GPS. Nas zonas rurais, onde estes pontos de referência podem ser escassos, torna-se mais difícil obter uma precisão elevada. Esta limitação pode restringir a eficácia das soluções de localização em regiões menos povoadas e pode impedir o desenvolvimento de serviços baseados na localização nessas zonas. As preocupações com a privacidade também representam um desafio significativo no domínio da localização. Os utilizadores estão cada vez mais conscientes dos potenciais riscos associados à partilha dos seus dados de localização, o que leva à relutância em ativar serviços de localização. Esta hesitação pode limitar a eficácia das aplicações que dependem de dados de localização em tempo real, tais como serviços de partilha de boleias, marketing baseado na localização e aplicações de navegação. Os programadores têm de lidar com estas preocupações de privacidade implementando políticas de utilização de dados transparentes e assegurando que o consentimento do utilizador é obtido antes de recolher informações de localização. Além disso, os sistemas de localização podem sofrer de elevadas exigências computacionais, especialmente quando empregam técnicas avançadas como a fusão de sensores e a aprendizagem automática. A necessidade de processar grandes quantidades de dados em tempo real pode afetar os recursos dos dispositivos móveis, incluindo a duração da bateria e a capacidade de processamento. Este desafio exige o desenvolvimento de algoritmos e abordagens mais eficientes para minimizar o consumo de recursos, mantendo a precisão da localização. As vulnerabilidades de segurança também representam um desafio significativo nos sistemas de localização. Os dados de localização podem ser explorados por actores maliciosos para vários fins, incluindo perseguição ou roubo. A proteção destas informações sensíveis exige medidas de segurança robustas, como encriptação e protocolos de autenticação seguros, para impedir o acesso não autorizado e garantir a segurança do utilizador. Por último, a integração de várias técnicas de localização pode introduzir complexidade na conceção e implementação do sistema. Equilibrar os pontos fortes e fracos dos diferentes métodos, garantindo ao mesmo tempo uma interoperabilidade perfeita, pode ser uma tarefa difícil para os programadores. À medida que o panorama da computação móvel continua a evoluir, a resolução destes desafios será fundamental para aumentar a precisão da localização e a confiança dos utilizadores. Os esforços contínuos de investigação e desenvolvimento são essenciais para melhorar as técnicas de localização existentes, explorar soluções inovadoras e desenvolver sistemas robustos que se possam adaptar a ambientes dinâmicos, mantendo a privacidade e a segurança. Ao ultrapassar estes desafios, a localização pode abrir novas possibilidades para aplicações em vários domínios, incluindo a navegação, a realidade aumentada e a Internet das Coisas (IoT), enriquecendo assim a experiência de computação móvel para utilizadores de todo o mundo.

A localização enfrenta vários desafios:

1. **Interferência de sinal**: Os factores ambientais, tais como edifícios, folhagem e condições atmosféricas, podem interferir com a receção do sinal, conduzindo a imprecisões.
2. **Preocupações com a privacidade**: A recolha e o tratamento de dados de localização levantam questões de privacidade significativas. Os utilizadores podem desconfiar da forma como as suas informações de localização são utilizadas e partilhadas, o que exige políticas de privacidade sólidas.
3. **Consumo de energia**: O rastreio contínuo da localização pode esgotar rapidamente as baterias dos dispositivos. A otimização da utilização de energia, mantendo uma localização precisa, é essencial para as aplicações móveis.
4. **Propagação de múltiplos caminhos**: Nas áreas urbanas, os sinais podem refletir-se nos edifícios, conduzindo a uma propagação multipercurso, que pode distorcer a precisão da localização.

3.3 Questões MAC:

As questões de controlo do acesso ao meio (MAC) são fundamentais nos sistemas de comunicação sem fios, em especial nos ambientes de computação móvel, em que vários dispositivos partilham o mesmo meio de comunicação. Um dos principais desafios dos protocolos MAC é gerir a contenção entre dispositivos para aceder ao meio. Em cenários com elevada densidade de utilizadores, como áreas urbanas ou eventos com muita gente, a probabilidade de colisões de pacotes aumenta, o que leva a uma degradação do desempenho e a uma utilização ineficiente da largura de banda. Esta contenção pode causar atrasos, exigindo mecanismos robustos para garantir um acesso justo e minimizar a latência. Outra questão importante é a variação dos alcances de transmissão dos dispositivos, que pode complicar a eficiência do protocolo MAC. Os dispositivos com diferentes níveis de potência ou caraterísticas de antena podem criar assimetrias no desempenho da rede, levando potencialmente a situações em que alguns dispositivos dominam o meio enquanto outros lutam para manter a conetividade. Esta disparidade exige protocolos MAC adaptativos que se possam ajustar às condições dinâmicas da rede. Além disso, a eficiência energética dos protocolos MAC é fundamental, especialmente para dispositivos móveis alimentados por bateria. Os protocolos devem equilibrar a necessidade de acesso rápido ao meio com a necessidade de conservar energia, uma vez que períodos prolongados de transmissão e receção podem esgotar rapidamente as baterias. Técnicas como os modos de suspensão e os mecanismos de poupança de energia são essenciais, mas podem introduzir latência adicional que pode afetar as aplicações em tempo real, como a voz sobre IP (VoIP) ou os jogos em linha. A segurança é outra questão MAC premente, uma vez que a comunicação sem fios é inerentemente mais suscetível a escutas e interferências. Garantir uma transmissão segura, mantendo um controlo de acesso eficiente, torna-se um equilíbrio delicado. Os protocolos MAC devem incorporar medidas de segurança robustas para proteger contra o acesso não autorizado e garantir a integridade dos dados, o que pode aumentar a complexidade e afetar ainda mais o desempenho. Além disso, a mobilidade coloca desafios únicos aos protocolos MAC, uma vez que os dispositivos entram e saem frequentemente do alcance, alterando as condições da rede e exigindo transferências contínuas entre pontos de acesso ou estações de base. Essa mobilidade exige que os protocolos MAC se adaptem rapidamente, mantendo as conexões e o desempenho sem interromper as comunicações em andamento. A interoperabilidade entre diferentes dispositivos e normas também representa um desafio na conceção do MAC. Com uma variedade de dispositivos que operam sob diferentes normas, garantir a compatibilidade é crucial para uma comunicação sem falhas. Os protocolos MAC devem ser concebidos tendo em mente a flexibilidade para acomodar diversos dispositivos, frequências e tecnologias, incluindo Wi-Fi, Bluetooth e redes celulares. Além disso, a interferência de outros dispositivos sem fios pode afetar significativamente o desempenho do MAC. Em ambientes com várias redes sobrepostas, como hotspots Wi-Fi em cafés ou aeroportos, torna-se fundamental garantir uma comunicação fiável sem degradação devido a interferências. Os protocolos MAC avançados têm de incorporar mecanismos para detetar e atenuar as interferências, garantindo que a transmissão de dados se mantém robusta mesmo em condições difíceis. Finalmente, a crescente procura de Qualidade de Serviço (QoS) nas aplicações móveis coloca uma pressão adicional sobre os protocolos MAC. Os utilizadores esperam um desempenho consistente para aplicações como o streaming de vídeo, jogos em linha e comunicações em tempo real, que exigem largura de banda garantida e baixa latência. A conceção de protocolos MAC que possam dar prioridade ao tráfego de forma eficaz, ao mesmo tempo que acomodam requisitos de aplicação variáveis, acrescenta outra camada de complexidade à sua implementação. A resolução destes problemas MAC é essencial para melhorar o desempenho e a fiabilidade dos sistemas de comunicação sem fios em ambientes de computação móvel, abrindo caminho a aplicações mais eficientes e fáceis de utilizar. A investigação e o desenvolvimento contínuos de protocolos MAC são cruciais para ultrapassar estes desafios, especialmente à medida que o panorama das comunicações móveis evolui com o advento de novas tecnologias e aplicações. Ao centrar-se na adaptabilidade, na eficiência energética, na segurança e na interoperabilidade, a próxima geração de protocolos MAC pode melhorar significativamente a experiência do utilizador, permitindo uma conetividade sem descontinuidades e um desempenho fiável em diversos cenários de computação móvel.

3.4 Protocolos de encaminhamento em computação móvel:

Os protocolos de encaminhamento desempenham um papel fundamental na computação móvel, nomeadamente nas redes sem fios e nas redes ad hoc móveis (MANET). Estes protocolos são responsáveis por determinar os melhores caminhos para os pacotes de dados percorrerem de uma fonte para um destino, tendo em conta a natureza dinâmica dos dispositivos móveis. À medida que os dispositivos se deslocam, as topologias de rede mudam frequentemente, exigindo estratégias de encaminhamento robustas e eficientes para garantir uma comunicação fiável. Os protocolos de encaminhamento podem ser classificados em diferentes tipos com base nos seus mecanismos operacionais, incluindo protocolos proactivos, reactivos e híbridos, cada um com vantagens e desafios distintos. Os protocolos de encaminhamento pró-activos, como o Destination-Sequenced Distance Vetor (DSDV) e o Optimized Link State Routing (OLSR), mantêm tabelas de encaminhamento actualizadas, divulgando periodicamente informações de encaminhamento em toda a rede. Esta abordagem permite o acesso imediato a caminhos de encaminhamento, o que pode ser benéfico para aplicações em tempo real. No entanto, a sobrecarga associada às constantes actualizações pode levar a um maior consumo de largura de banda e a uma menor eficiência em ambientes altamente dinâmicos. Em contrapartida, os protocolos reactivos, como o Dynamic Source Routing (DSR) e o Ad Hoc On-Demand Distance Vetor (AODV), estabelecem rotas apenas quando necessário, minimizando assim a sobrecarga desnecessária de mensagens de controlo. Estes protocolos iniciam um processo de descoberta de rotas quando um nó necessita de uma ligação a outro nó, conservando eficazmente os recursos em condições de rede menos activas. Os protocolos de encaminhamento híbridos, como o Zone Routing Protocol (ZRP), visam combinar os pontos fortes das estratégias proactiva e reactiva. O ZRP divide a rede em zonas, onde o encaminhamento proactivo é utilizado dentro das zonas para uma comunicação local rápida, enquanto o encaminhamento reativo é utilizado para comunicações entre zonas. Esta combinação permite uma utilização eficiente dos recursos, facilitando simultaneamente a transmissão atempada dos dados. Cada tipo de protocolo é adequado a casos de utilização e condições de rede específicos, tornando a escolha do protocolo de encaminhamento uma decisão crítica baseada no ambiente operacional e nos requisitos da aplicação. A qualidade do serviço (QoS) é outra consideração essencial nos protocolos de encaminhamento, especialmente para aplicações que requerem baixa latência ou largura de banda garantida, como o streaming de vídeo ou os jogos em linha. Alguns protocolos de encaminhamento incorporam métricas de QoS nos seus processos de decisão para garantir que os caminhos mais adequados são selecionados com base nas necessidades específicas das aplicações. Além disso, os mecanismos de equilíbrio de carga e de controlo do congestionamento estão cada vez mais integrados nos protocolos de encaminhamento para melhorar o desempenho e a fiabilidade globais da rede, especialmente em cenários de elevado tráfego.

A segurança é também uma preocupação importante nos protocolos de encaminhamento móvel. A natureza aberta das comunicações sem fios torna-as vulneráveis a vários ataques, incluindo escutas, falsificação e manipulação de tabelas de encaminhamento. Por conseguinte, muitos protocolos de encaminhamento modernos incorporam medidas de segurança, como a autenticação e a encriptação, para proteger a integridade e a confidencialidade das informações de encaminhamento. Estas melhorias são cruciais para manter a fiabilidade dos percursos de encaminhamento e garantir uma comunicação segura nas redes móveis. A eficácia dos protocolos de encaminhamento na computação móvel é também influenciada pelo hardware subjacente e pela infraestrutura de rede. Por exemplo, o advento de novas tecnologias, como as redes definidas por software (SDN) e a virtualização das funções de rede (NFV), apresenta oportunidades para soluções de encaminhamento mais flexíveis e eficientes. Ao dissociar os planos de controlo e de dados, a SDN permite decisões de encaminhamento mais dinâmicas e programáveis, que se podem adaptar em tempo real às condições de rede em mudança. Esta inovação pode potencialmente melhorar o desempenho e a resiliência dos protocolos de encaminhamento móvel em várias aplicações.

3.5 Global state routing (GSR):

O Global State Routing (GSR) é um protocolo de encaminhamento concebido especificamente para redes ad hoc móveis (MANET) e caracteriza-se pela sua capacidade de manter uma visão consistente e actualizada da topologia da rede em todos os nós. O princípio fundamental do GSR é permitir que os nós comuniquem informações de encaminhamento de uma forma que reflicta o estado global da rede, permitindo assim decisões de encaminhamento mais informadas e eficientes. Ao contrário dos protocolos de encaminhamento tradicionais, que podem depender de informações localizadas que podem ficar rapidamente desactualizadas, o GSR dissemina ativamente informações sobre o estado global a todos os nós da rede, garantindo que cada nó tem uma compreensão abrangente da conetividade global. Essa abordagem minimiza as chances de loops de roteamento e reduz a latência, pois os nós podem tomar decisões de roteamento com base em uma visão completa dos caminhos disponíveis. O GSR funciona através da troca periódica de actualizações de encaminhamento e da manutenção de uma tabela de estado global que reflecte o estado de todos os nós e as suas interligações. Estas actualizações podem ser desencadeadas por alterações na topologia da rede, como a adição ou remoção de nós ou alterações no estado das ligações, permitindo que o GSR se adapte à natureza dinâmica das redes móveis. Uma das vantagens significativas do GSR é a sua capacidade de facilitar a seleção eficiente de caminhos, particularmente em ambientes onde os nós se deslocam frequentemente, levando a rápidas mudanças na conetividade. Aproveitando a informação sobre o estado global, os nós podem escolher os caminhos mais óptimos, tendo em conta não só os vizinhos imediatos mas também a topologia global da rede. Esta perspetiva holística permite à GSR suportar os requisitos de qualidade de serviço (QoS) para várias aplicações, como a voz sobre IP ou o fluxo de vídeo, que exigem baixa latência e ligações fiáveis. Além disso, o GSR pode melhorar o balanceamento de carga, distribuindo o tráfego de forma mais uniforme pela rede, evitando congestionamentos em qualquer ponto. No entanto, a implementação do GSR apresenta desafios, especialmente no que diz respeito à sobrecarga associada à manutenção e disseminação de informações sobre o estado global. A frequência das actualizações e a quantidade de informação trocada podem levar a um aumento da utilização da largura de banda, afectando potencialmente o desempenho geral da rede, especialmente em ambientes com recursos limitados. O GSR deve também abordar as implicações de segurança e confiança, uma vez que a informação sobre o estado global é suscetível de ser manipulada ou interceptada por entidades maliciosas dentro da rede. Para atenuar estes riscos, é crucial incorporar mecanismos de segurança robustos, como técnicas criptográficas para autenticação e verificação da integridade. medida que a computação móvel continua a evoluir, a relevância do Global State Routing continua a ser significativa, especialmente em cenários em que um conhecimento abrangente da rede pode conduzir a melhorias substanciais do desempenho. Estão em curso esforços de investigação e desenvolvimento para aperfeiçoar os protocolos GSR, optimizando a sua eficiência e escalabilidade e reforçando a sua robustez contra potenciais ameaças à segurança. Em última análise, o GSR destaca-se como uma solução promissora para o encaminhamento em redes ad hoc móveis, oferecendo um equilíbrio de eficiência e adaptabilidade que se adequa bem à natureza dinâmica dos ambientes de comunicação modernos.

3.6 Encaminhamento por vetor de distância com sequência de destino (DSDV):

O Destination-Sequenced Distance Vetor Routing (DSDV) é um protocolo de encaminhamento proactivo especificamente concebido para redes ad hoc móveis (MANET). É uma melhoria da abordagem tradicional de encaminhamento por vetor de distância, integrando números de sequência para manter a atualidade da informação de encaminhamento. No DSDV, cada nó mantém uma tabela de encaminhamento que contém o endereço de destino, o próximo salto, o número de saltos para chegar a esse destino e um número de sequência atribuído pelo nó de destino. A utilização de números de sequência ajuda a mitigar os problemas de loops de encaminhamento e garante que os nós têm a informação mais recente sobre o caminho. Quando um nó móvel se desloca, transmite actualizações de encaminhamento aos seus vizinhos, partilhando a sua nova posição e quaisquer alterações à informação de encaminhamento. Isto garante que todos os nós da rede tenham acesso a rotas actualizadas, melhorando a eficiência e a fiabilidade da transmissão de dados. A natureza proactiva do DSDV significa que as rotas são estabelecidas antes de serem necessárias, o que reduz a latência no envio de dados. No entanto, isto tem um custo, uma vez que a constante disseminação de actualizações de encaminhamento pode levar a um aumento da sobrecarga, especialmente em ambientes altamente móveis. O DSDV é particularmente vantajoso em cenários em que a baixa latência é fundamental, como as aplicações em tempo real e as comunicações multimédia. Apesar das suas vantagens, a escalabilidade do DSDV pode ser posta em causa em redes maiores, onde o volume de mensagens de controlo pode saturar a largura de banda disponível. O protocolo também se baseia no pressuposto de condições de rede relativamente estáveis; movimentos frequentes de nós podem levar a mudanças rápidas na topologia, complicando a manutenção de tabelas de encaminhamento precisas. De um modo geral, o DSDV representa um passo significativo na evolução dos protocolos de encaminhamento para redes ad hoc móveis, equilibrando a necessidade de informação atempada com a sobrecarga de manutenção dessa informação em ambientes dinâmicos.

3.7 Dynamic Source Routing (DSR):

O Dynamic Source Routing (DSR) é um protocolo de encaminhamento reativo especificamente concebido para redes ad hoc móveis (MANET), que proporciona uma abordagem altamente flexível e eficiente à descoberta e manutenção de rotas. Ao contrário dos protocolos proactivos que mantêm as rotas continuamente, o DSR funciona com base na procura, estabelecendo rotas apenas quando necessário. Este mecanismo é particularmente vantajoso em ambientes dinâmicos em que as topologias de rede mudam frequentemente devido à mobilidade dos nós. A DSR compreende duas fases principais: descoberta de rotas e manutenção de rotas. Durante a fase de descoberta de rota, um nó de origem inicia o processo transmitindo um pacote de pedido de rota (RREQ) por toda a rede. Este pacote atravessa os nós intermédios, que podem adicionar os seus próprios endereços ao registo de rota contido no RREQ. Quando o RREQ chega ao nó de destino, este responde com um pacote de resposta ao itinerário (RREP), que viaja de volta para a fonte, fornecendo o itinerário completo a ser utilizado para a transmissão de dados. Esta abordagem a pedido minimiza a sobrecarga de mensagens de controlo, uma vez que as rotas são estabelecidas apenas quando necessário, o que torna o DSR particularmente eficiente em redes com poucas ligações.

Uma das caraterísticas de destaque do DSR é a utilização do roteamento de origem, em que a rota completa é transportada no próprio cabeçalho do pacote. Isso elimina a necessidade de os nós intermediários manterem tabelas de roteamento, simplificando assim o protocolo e reduzindo a complexidade associada à manutenção da rota. No entanto, embora o encaminhamento de origem tenha as suas vantagens, também pode levar a um aumento do tamanho dos pacotes, particularmente em redes com um elevado número de saltos, o que pode tornar-se uma desvantagem em ambientes com restrições de largura de banda. A eficiência do protocolo é ainda melhorada pela sua capacidade de armazenar em cache as rotas aprendidas, permitindo que o DSR reutilize as rotas existentes para transmissões subsequentes, reduzindo ainda mais a necessidade de processos repetitivos de descoberta de rotas. No entanto, o DSR não está isento de desafios. A natureza reactiva do protocolo pode levar a uma maior latência durante a fase inicial de descoberta de rotas, o que pode não ser ideal para aplicações que exijam uma entrega imediata de dados. Além disso, à medida que a densidade da rede aumenta, o volume de pacotes de pedido de rota pode levar ao congestionamento, potencialmente sobrecarregando a largura de banda disponível e afectando negativamente o desempenho geral da rede. A segurança é outra preocupação importante; como o DSR depende da fiabilidade da rede, é vulnerável a ataques como a falsificação de rotas e a participação de nós maliciosos. Para atenuar estes riscos, podem ser integradas na DSR várias melhorias de segurança, incluindo mecanismos de encriptação e autenticação. O desempenho da DSR pode ser afetado pela mobilidade dos nós. Mudanças rápidas na topologia da rede podem resultar em rotas obsoletas e numa maior frequência de descoberta de rotas, o que pode levar a ineficiências. Para resolver este problema, podem ser utilizadas técnicas como a manutenção de rotas e as actualizações proactivas da cache, permitindo que os nós reajam às alterações da topologia e mantenham caminhos de encaminhamento óptimos. Globalmente, o encaminhamento dinâmico de fontes destaca-se como uma solução eficaz para as redes ad hoc móveis, equilibrando as exigências de flexibilidade e eficiência na gestão de rotas. A sua abordagem inovadora ao encaminhamento na origem, combinada com a capacidade de se adaptar dinamicamente a condições de rede variáveis, posiciona o DSR como um protocolo valioso no domínio crescente da computação móvel. À medida que as aplicações e os serviços móveis continuam a proliferar, a relevância de protocolos como o DSR, que oferecem soluções adaptadas aos desafios únicos das redes móveis, irá sem dúvida aumentar, realçando a necessidade de investigação e otimização contínuas nesta área.

3.8 Ad Hoc on demand distance vetor routing (AODV):

O Ad Hoc On-Demand Distance Vetor Routing (AODV) é um protocolo de encaminhamento reativo especificamente concebido para redes ad hoc móveis (MANET), realçando a natureza dinâmica destes ambientes em que os nós se deslocam frequentemente, resultando em topologias que mudam rapidamente. Ao contrário dos protocolos de encaminhamento proactivos que mantêm uma tabela de rotas constante, independentemente da procura, o AODV estabelece rotas apenas quando necessário, reduzindo significativamente a sobrecarga de controlo. O protocolo AODV opera através de duas fases fundamentais: descoberta de rotas e manutenção de rotas. Quando um nó precisa de comunicar com outro nó para o qual não tem uma rota válida, inicia um processo de descoberta de rota transmitindo um pacote de pedido de rota (RREQ) por toda a rede. Este pacote contém informações como o endereço de origem e de destino e um número de sequência único, que ajuda a evitar loops de encaminhamento e a garantir a atualidade da rota. Os nós intermédios que recebem o RREQ podem responder reencaminhando o pacote e, se possuírem uma rota válida para o destino, podem enviar uma resposta de rota (RREP) de volta à fonte. Este método permite que o AODV descubra rotas de forma eficiente e a pedido, estabelecendo uma rota tão curta quanto possível em termos de saltos.

A dependência do AODV em relação aos números de sequência desempenha um papel crucial na manutenção da correção da informação de encaminhamento, ajudando a evitar rotas obsoletas ou em loop. Cada nó mantém uma tabela de encaminhamento que armazena informações sobre rotas activas, incluindo o próximo salto, o endereço de destino e o número de sequência associado. Quando um nó toma conhecimento de uma nova rota, actualiza a sua tabela de encaminhamento apenas se o novo número de sequência for superior ao atualmente armazenado. Este mecanismo garante que os nós utilizam sempre a informação de encaminhamento mais recente disponível, contribuindo para a eficácia do protocolo em ambientes dinâmicos. O AODV suporta o encaminhamento unicast e multicast, tornando-o versátil para várias aplicações. À medida que os nós se deslocam, podem sofrer quebras de rota, que podem ser resolvidas através de procedimentos de manutenção de rota. O AODV utiliza um mecanismo em que os nós podem detetar ativamente falhas de ligação e iniciar um novo processo de descoberta de rotas se a rota existente se tornar inválida. Embora o AODV ofereça vantagens significativas em termos de adaptabilidade e de redução da sobrecarga de controlo, também enfrenta desafios. A dependência de transmissões periódicas para a descoberta de rotas pode levar ao congestionamento da rede, especialmente em cenários com grande mobilidade dos nós ou redes densas. Além disso, o aumento da frequência das descobertas de rotas pode resultar em latência, especialmente em cenários em que a entrega imediata de dados é crítica. A segurança é outra área de preocupação; o AODV é vulnerável a vários ataques, como o blackhole, em que um nó malicioso se anuncia falsamente como tendo o caminho mais curto para um destino, ou o route spoofing, em que a informação incorrecta sobre o percurso é propagada por toda a rede. O reforço da segurança do AODV implica a integração de mecanismos de autenticação e encriptação para salvaguardar as informações de encaminhamento e garantir a integridade do protocolo. Em termos de desempenho, o AODV é influenciado por factores como a densidade dos nós, os padrões de mobilidade e a topologia da rede. medida que o número de nós aumenta, a sobrecarga da descoberta de rotas pode aumentar, o que exige algoritmos eficientes para minimizar o tráfego de mensagens de controlo. Além disso, a eficácia do AODV pode ser afetada por condições ambientais, como a presença de obstáculos ou interferências que possam perturbar a comunicação entre os nós. Apesar destes desafios, o AODV continua a ser uma escolha popular no domínio das redes ad hoc móveis devido ao seu tratamento eficiente dos requisitos de encaminhamento dinâmico e à sua capacidade de adaptação a condições de rede variáveis. medida que a computação móvel continua a evoluir, a relevância do AODV, juntamente com a investigação contínua sobre melhorias e optimizações, irá provavelmente aumentar, oferecendo soluções promissoras para as exigências dos futuros sistemas de comunicação sem fios. Em termos gerais, o AODV exemplifica o equilíbrio entre flexibilidade e desempenho em protocolos de encaminhamento concebidos para redes ad hoc móveis, tornando-o um elemento fundamental no panorama das tecnologias de rede sem fios.

3.9 Algoritmo de encaminhamento temporário ordenado (TORA):

O Temporary Ordered Routing Algorithm (TORA) é um protocolo de encaminhamento reativo especificamente concebido para redes ad hoc móveis (MANET), caracterizadas pela sua natureza dinâmica e pelo movimento frequente dos nós. O principal objetivo do TORA é estabelecer uma rota para um destino apenas quando é necessário, o que minimiza significativamente a sobrecarga de encaminhamento em ambientes que são inerentemente instáveis devido à mobilidade dos nós. Ao contrário dos protocolos de encaminhamento proactivos que mantêm continuamente tabelas de encaminhamento actualizadas, o TORA espera até que seja feito um pedido de comunicação antes de iniciar o processo de descoberta de rotas. Esta abordagem a pedido é particularmente vantajosa em situações em que a topologia da rede muda rapidamente, uma vez que reduz a quantidade de tráfego de controlo gerado e conserva a largura de banda. Uma das caraterísticas distintivas do TORA é a sua estrutura de encaminhamento baseada na altura, em que cada nó mantém um valor de "altura". Esta altura é utilizada para determinar a ordem dos nós ao longo do caminho de encaminhamento, facilitando a seleção eficiente da rota. Quando um nó necessita de uma rota para um destino, pode enviar uma consulta que se propaga pela rede, recolhendo informações sobre a altura dos nós vizinhos. O algoritmo de encaminhamento assegura que os caminhos estabelecidos estão livres de loops, utilizando valores de altura únicos, evitando assim a formação de loops de encaminhamento que podem afetar outros protocolos de encaminhamento. Além disso, o TORA possui mecanismos para lidar eficazmente com as falhas de ligação. Quando uma ligação é interrompida, o protocolo pode identificar rapidamente a perturbação e iniciar actualizações localizadas na estrutura de encaminhamento sem necessitar de uma atualização abrangente da rede. Esta reação localizada não só acelera o processo de recuperação, como também reduz a sobrecarga de controlo que, de outra forma, poderia sobrecarregar a rede, especialmente em condições de elevada mobilidade. Outro aspeto significativo do TORA é a sua escalabilidade; à medida que a rede cresce, a capacidade de adaptar e manter caminhos de encaminhamento eficientes torna-se crítica. O TORA consegue esta escalabilidade ao permitir que os nós comuniquem alterações nas informações de encaminhamento de forma selectiva, o que ajuda a gerir o volume de actualizações de encaminhamento. No entanto, embora o TORA seja eficiente no tratamento de ambientes dinâmicos, o seu desempenho pode degradar-se em determinadas condições, como redes muito densas em que o aumento das mensagens de controlo pode levar ao congestionamento. Apesar destes desafios, o TORA continua a ser uma opção valiosa para o encaminhamento em MANETs, particularmente em cenários que exigem uma rápida adaptabilidade e uma utilização eficiente dos recursos. De um modo geral, o algoritmo de encaminhamento temporário ordenado representa um avanço notável no domínio das redes ad hoc móveis, proporcionando um meio eficaz de gerir a informação de encaminhamento, ao mesmo tempo que responde aos desafios inerentes à mobilidade e à alteração das topologias de rede. A sua abordagem inovadora ao encaminhamento abriu caminho para mais investigação e desenvolvimento em protocolos de redes móveis, demonstrando a importância da adaptabilidade e da eficiência nos sistemas de comunicação modernos.

Principais caraterísticas do TORA*:*

1. **Protocolo reativo**: O TORA inicia o processo de descoberta de rota apenas quando um nó de origem precisa de enviar dados para um destino, evitando a manutenção constante da rota.

2. **Estrutura baseada na altura**: O TORA utiliza uma estrutura baseada na altura em que cada nó mantém um valor de "altura". A altura determina a ordem dos nós no caminho de encaminhamento, permitindo que o protocolo identifique a rota mais eficiente para o destino.

3. **Roteamento livre de loops**: O protocolo evita inerentemente loops de encaminhamento utilizando uma sequência única de alturas e registos de tempo. A altura de cada nó é actualizada com base nas alturas dos seus vizinhos, garantindo que as rotas permanecem acíclicas.

4. **Manuseamento de Falhas de Ligação**: Quando uma ligação falha, o TORA pode ajustar-se rapidamente eliminando as rotas afectadas e tentando encontrar um caminho alternativo sem necessitar de uma atualização completa da rota.

5. **Reacções Localizadas**: O TORA foi concebido para reagir localmente a alterações na topologia da rede, minimizando a necessidade de comunicação

extensiva através da rede. Isto aumenta a sua eficiência, especialmente em redes grandes e dinâmicas.

6. **Escalabilidade**: A capacidade do protocolo para manter um baixo overhead e adaptar-se rapidamente às mudanças torna-o escalável para redes maiores, embora o desempenho possa degradar-se em ambientes altamente densos devido ao aumento do overhead das mensagens de controlo.

O TORA é particularmente útil em cenários em que a topologia da rede é altamente dinâmica e a sobrecarga associada à manutenção de informações de encaminhamento actualizadas é uma preocupação crítica.

3.10 QoS em redes Ad Hoc e aplicações:

A qualidade do serviço (QoS) nas redes ad hoc é um aspeto essencial que garante a entrega de pacotes de dados com um determinado nível de desempenho, especialmente no que respeita a parâmetros como a largura de banda, a latência, o jitter e a perda de pacotes. Nas redes ad hoc móveis (MANET), em que a topologia da rede é dinâmica e os nós estão em constante movimento, a manutenção da QoS apresenta desafios únicos. A importância da QoS torna-se particularmente evidente nas aplicações que exigem a transmissão de dados em tempo real, como a voz sobre IP (VoIP), a videoconferência e os serviços de streaming. Estas aplicações dependem da entrega atempada e fiável de pacotes para proporcionar uma experiência de utilizador sem falhas, necessitando de mecanismos que dêem prioridade aos dados críticos. Por exemplo, nas comunicações VoIP, é crucial garantir uma latência baixa e um jitter mínimo; assim, podem ser implementadas estratégias de QoS para dar prioridade aos pacotes de voz em relação ao tráfego menos sensível ao tempo, garantindo uma transmissão áudio clara e sem interrupções. Além disso, a QoS é vital em cenários militares e de resposta a emergências, em que a fiabilidade das comunicações pode ser uma questão de vida ou de morte. Nestas situações, a capacidade de garantir a entrega atempada de dados é fundamental, e os quadros de QoS podem ditar os protocolos de encaminhamento utilizados para garantir que as mensagens urgentes cheguem aos seus destinos sem atrasos. As aplicações multimédia também beneficiam significativamente da QoS, uma vez que exigem um fluxo constante de dados para evitar interrupções na reprodução. Através da gestão da largura de banda e da utilização de técnicas de armazenamento em buffer, a QoS pode melhorar a qualidade do serviço para fluxos de vídeo e áudio, acomodando flutuações nas condições da rede. A equidade entre utilizadores num ambiente de rede partilhado é outro aspeto crítico da QoS nas MANET. Com múltiplas aplicações ou utilizadores a competir por uma largura de banda limitada, a implementação de mecanismos de QoS pode ajudar a atribuir recursos de forma equitativa, impedindo que um único utilizador domine a rede e assegurando que todos os utilizadores tenham um nível de serviço satisfatório. Para obter uma QoS eficaz nas redes ad hoc, podem ser utilizadas várias técnicas, como a modelação do tráfego, o controlo da admissão e a reserva de recursos. A modelação do tráfego regula o fluxo de dados de modo a respeitar os parâmetros de QoS especificados, enquanto o controlo da admissão avalia se os novos fluxos de dados podem ser acomodados sem afetar negativamente os serviços existentes. Os protocolos de reserva de recursos permitem a atribuição preventiva de largura de banda para fluxos específicos, o que é fundamental para manter a qualidade do serviço para comunicações essenciais. Apesar destas técnicas, a implementação da QoS nas MANET não está isenta de desafios. A variabilidade inerente à mobilidade dos nós, associada à arquitetura descentralizada destas redes, complica a monitorização e a aplicação de políticas de QoS. Consequentemente, as soluções inovadoras que podem adaptar-se dinamicamente às condições em tempo real são cruciais para uma gestão eficaz da QoS. A investigação em curso sobre QoS para redes ad hoc centra-se na melhoria dos protocolos de encaminhamento, no aperfeiçoamento dos métodos de engenharia de tráfego e no desenvolvimento de estratégias abrangentes de gestão de redes que possam responder eficazmente aos desafios únicos apresentados pelos ambientes móveis. Ao enfrentar estes desafios, o potencial das redes ad hoc para suportar uma gama mais vasta de aplicações é significativamente melhorado, expandindo assim a sua aplicabilidade em contextos civis e militares. Dado que a procura de conetividade móvel continua a aumentar, a importância da QoS para garantir uma comunicação fiável e eficiente nas redes ad hoc continua a ser um ponto fulcral para os investigadores e os criadores. A evolução destes quadros de QoS será fundamental para satisfazer as necessidades crescentes de diversas aplicações, contribuindo, em última análise, para sistemas de comunicação mais robustos e versáteis que podem funcionar eficazmente numa vasta gama de ambientes.

A qualidade do serviço (QoS) nas redes Ad Hoc tem numerosas aplicações em vários domínios, impulsionadas pela necessidade de uma comunicação fiável e eficiente.

Existem algumas aplicações-chave:

Voz sobre IP (VoIP): As aplicações VoIP revolucionaram a forma como comunicamos, permitindo chamadas de voz através da Internet em vez das tradicionais linhas telefónicas. Neste contexto, manter uma latência baixa e um jitter mínimo é essencial para garantir que as conversas fluam sem problemas. Os mecanismos de QoS desempenham um papel fundamental ao dar prioridade aos pacotes de voz em relação a outros tipos de dados. Essa priorização ajuda a minimizar atrasos e perda de pacotes, que podem interromper as conversas. A gestão eficaz da QoS permite uma qualidade de voz consistente, tornando o VoIP uma opção viável para comunicações pessoais e empresariais. Além disso, os sistemas VoIP podem ajustar-se dinamicamente a condições de rede variáveis, melhorando ainda mais a fiabilidade das chamadas. Funcionalidades como o cancelamento de eco e a supressão de ruído também beneficiam das estratégias de QoS, garantindo que a experiência áudio se mantém nítida. À medida que cada vez mais empresas adoptam o VoIP para poupar custos e ter flexibilidade, a importância da QoS continua a crescer, melhorando a eficácia geral da comunicação.

Videoconferência: As ferramentas de videoconferência tornaram-se essenciais para o trabalho remoto, permitindo que as equipas colaborem eficazmente independentemente da localização. A transmissão de áudio e vídeo de alta qualidade é crucial para reuniões produtivas, e a QoS ajuda a gerenciar a alocação de largura de banda para atender a essas demandas. Ao assegurar que os pacotes de vídeo têm prioridade, a QoS reduz o desfasamento, que pode levar a conversas desconexas e mal-entendidos. Além disso, a QoS permite o streaming com taxa de bits adaptável, que ajusta a qualidade do vídeo com base nas condições actuais da rede, proporcionando uma experiência perfeita. Funcionalidades como a partilha de ecrã e as ferramentas de colaboração em tempo real também beneficiam da QoS, uma vez que esta mantém o fluxo de dados necessário para um funcionamento sem problemas. No contexto de equipas cada vez mais distribuídas, a QoS em videoconferência melhora a conetividade e a comunicação, promovendo a colaboração e o envolvimento entre os participantes.

Serviços de streaming: As plataformas de streaming transformaram o consumo de media, com os utilizadores a exigirem acesso instantâneo a conteúdos de vídeo e áudio. A QoS desempenha um papel crucial na garantia de uma experiência de streaming sem problemas, evitando o armazenamento em buffer e as interrupções. Ao gerir a atribuição da largura de banda, a QoS garante a disponibilidade de recursos suficientes para o fluxo de dados. Além disso, podem ser utilizadas técnicas de streaming adaptativo, permitindo que o serviço ajuste a qualidade do vídeo em tempo real com base na largura de banda disponível. Esta capacidade de resposta ajuda a manter a continuidade da reprodução, aumentando a satisfação do utilizador. A QoS também facilita a gestão de vários fluxos simultâneos, garantindo que as experiências individuais dos utilizadores não sejam comprometidas. À medida que a concorrência entre os serviços de streaming se intensifica, a implementação de mecanismos robustos de QoS torna-se cada vez mais importante para fornecer conteúdos de alta qualidade de forma fiável.

Comunicações militares: Nas operações militares, a comunicação eficaz é fundamental, afectando frequentemente o sucesso da missão. Os mecanismos de QoS são utilizados para dar prioridade às comunicações de missão crítica, garantindo a entrega atempada de informações vitais. Dada a natureza imprevisível dos ambientes militares, onde as condições da rede podem flutuar, a QoS robusta é essencial para manter a conetividade. Ao categorizar os dados com base na sua importância, as redes militares podem garantir que as mensagens urgentes sejam transmitidas sem atrasos. A QoS também suporta canais de comunicação seguros, essenciais para a proteção de informações sensíveis. Além disso, a capacidade de adaptação a condições dinâmicas aumenta a fiabilidade geral das comunicações militares, permitindo que as tropas se coordenem eficazmente. À medida que a tecnologia continua a avançar, a integração de estratégias avançadas de QoS será crucial para manter a eficácia operacional.

Sistemas de resposta a emergências: Em situações de emergência, a comunicação atempada pode significar a diferença entre a vida e a morte. Os socorristas dependem de sistemas de comunicação eficazes para coordenar os esforços de salvamento e partilhar informações críticas. Os mecanismos de QoS são essenciais para dar prioridade a actualizações urgentes, assegurando que os alertas de emergência e os relatórios situacionais são transmitidos rapidamente. Ao otimizar a atribuição de largura de banda durante as horas de ponta, como as catástrofes naturais, a QoS garante que os canais de comunicação permanecem desimpedidos para o pessoal de emergência. Além disso, a capacidade de partilhar rapidamente dados de localização e outras informações críticas pode melhorar os esforços de resposta. Em ambientes de alta pressão, a QoS ajuda a manter uma comunicação fiável, permitindo que as equipas de intervenção se adaptem rapidamente a situações em evolução e tomem decisões informadas.

Redes de sensores sem fios: As redes de sensores sem fios desempenham um papel vital em várias aplicações, incluindo a monitorização ambiental e os cuidados de saúde. Estas redes requerem frequentemente a recolha e transmissão atempada de dados para uma tomada de decisões eficaz em tempo real. A QoS garante que os pacotes de dados são priorizados com base na sua urgência, permitindo respostas rápidas a condições críticas, como alterações nas métricas ambientais. No sector da saúde, as redes de sensores monitorizam os sinais vitais dos pacientes e a QoS é essencial para garantir que os alertas são transmitidos prontamente aos prestadores de cuidados de saúde. Além disso, a QoS ajuda a gerir o consumo de energia nas redes de sensores, optimizando a vida útil da bateria e garantindo uma comunicação fiável. Ao implementar estratégias de QoS, as redes de sensores sem fios podem funcionar eficazmente, apoiando várias aplicações que dependem de dados em tempo real.

Jogos móveis: A popularidade dos jogos online aumentou, com os jogadores à espera de experiências perfeitas e envolventes. Neste ambiente competitivo, a QoS desempenha um papel crucial na minimização da latência e da perda de pacotes, que podem afetar significativamente a jogabilidade. Ao dar prioridade aos pacotes relacionados com o jogo, a QoS garante que as acções são processadas em tempo real, melhorando a experiência geral de jogo. Além disso, a QoS adaptativa pode ajustar-se dinamicamente às condições da rede, garantindo que os jogadores sofram o mínimo de interrupções. Esta capacidade é particularmente importante em jogos multijogador, onde o tempo é crucial para o jogo competitivo. Ao manter uma ligação estável, a QoS suporta uma comunidade de jogo vibrante, permitindo aos jogadores desfrutar de experiências imersivas sem interrupções frustrantes.

Telemedicina: As aplicações de telemedicina ganharam proeminência, permitindo consultas e monitorização remotas de cuidados de saúde. Para que estas aplicações sejam eficazes, é essencial uma transmissão fiável de vídeo e dados. A QoS garante que os dados dos pacientes sejam transmitidos de forma segura e rápida, permitindo que os prestadores de cuidados de saúde tomem decisões atempadas. Ao dar prioridade aos dados médicos e aos fluxos de vídeo, a QoS melhora a qualidade geral das interações de telemedicina. Isto é particularmente importante em situações de emergência, em que o acesso atempado a conhecimentos médicos especializados pode salvar vidas. Além disso, a QoS facilita o monitoramento contínuo dos sinais vitais dos pacientes, garantindo que os alertas sejam emitidos sem demora. À medida que a telemedicina continua a evoluir, a integração de mecanismos robustos de QoS será essencial para melhorar a prestação de cuidados de saúde.

Aplicações para cidades inteligentes: No contexto das cidades inteligentes, vários dispositivos IoT trabalham em conjunto para otimizar os serviços urbanos e melhorar a utilização dos recursos. A QoS ajuda a gerir o fluxo de dados destes dispositivos, garantindo que a informação crítica é prioritária. Por exemplo, os sistemas de gestão do tráfego baseiam-se em dados em tempo real para ajustar a temporização dos sinais, melhorando o fluxo de tráfego e reduzindo o congestionamento. A QoS também suporta aplicações de segurança pública, permitindo respostas atempadas a incidentes. Além disso, a atribuição eficiente de recursos através da QoS pode levar a poupanças de energia e a uma melhor infraestrutura da cidade. À medida que as cidades inteligentes evoluem, a implementação de estratégias eficazes de QoS será fundamental para atingir os seus objectivos, garantindo que os serviços permanecem fiáveis e eficientes.

Ambientes de trabalho colaborativos: Na atual cultura de trabalho remoto, as aplicações de colaboração desempenham um papel vital na facilitação do trabalho em equipa. A QoS é crucial para garantir que a sincronização e a comunicação de dados ocorram sem problemas em tempo real. Por exemplo, os espaços de trabalho virtuais partilhados requerem uma transmissão de dados fiável para permitir uma colaboração perfeita entre os membros da equipa. Ao gerir eficazmente a largura de banda, a QoS ajuda a evitar atrasos e interrupções durante as sessões de colaboração. Esta capacidade aumenta a produtividade, permitindo que as equipas se concentrem no seu trabalho sem serem prejudicadas por problemas técnicos. À medida que as organizações continuam a adotar ferramentas de colaboração remota, a importância da QoS para garantir um trabalho de equipa eficaz não pode ser exagerada.

Ao implementar a QoS nestas diversas aplicações, as redes ad hoc podem melhorar significativamente o seu desempenho e fiabilidade, melhorando, em última análise, a experiência e a satisfação dos utilizadores.

Referências

1. Jameel, H., Al-Saadi, M. K., & Zaman, N. (2020). Otimizando a replicação de dados em redes Ad Hoc móveis usando algoritmos híbridos. IEEE Access, 8, 158243-158257.

2. Wang, Q., Yu, X., & Li, W. (2021). Aumentando a segurança na computação de agentes móveis por meio da tecnologia Blockchain. IEEE Transactions on Mobile Computing, 20(4), 1463-1474.

3. Kumar, R., & Kumar, S. (2022). Técnicas eficientes de gerenciamento e sincronização de dados para computação móvel. Journal of Network and Computer Applications, 201, 103248.

4. Gupta, A., & Sharma, V. (2023). Adaptive Clustering Algorithms for Enhanced Performance in Mobile Wireless Networks (Algoritmos de agrupamento adaptativos para melhorar o desempenho em redes móveis sem fios). IEEE Transactions on Wireless Communications, 22(5), 3005-3015.

5. Patel, M., & Rana, P. (2023). Analisando o impacto da QoS em aplicações VoIP em redes Ad Hoc. Wireless Personal Communications, 130(2), 965-982.

6. Liu, H., & Zhang, Y. (2024). Dynamic Source Routing Protocols for Improved Scalability in MANETs (Protocolos de encaminhamento de fontes dinâmicas para melhorar a escalabilidade em MANETs). International Journal of Distributed Sensor Networks, 20(3), 453-467.

7. Stojmenovic, I. (2020). Manual de redes sem fio e computação móvel. Wiley-IEEE Press.

8. Khan, L., & Zaman, N. (2021). Avanços em computação móvel e gerenciamento de dados. Springer.

9. Boukerche, A. (2022). Algoritmos e protocolos para redes Ad Hoc móveis e sem fios. CRC Press.

10. "Computação móvel: Uma visão geral". Techopedia, https://www.techopedia.com/definition/2351/mobile-computing

11. "Protocolos de redes Ad Hoc". Wiki de Ciência da Computação, https://computersciencewiki.org/index.php/Ad_hoc_network_protocols

Printed by Books on Demand GmbH, Norderstedt / Germany